Jens
Goethe und seine Opfer

Tilman Jens

# Goethe und seine Opfer

*Eine Schmähschrift*

Patmos Verlag Düsseldorf

Die Deutsche Bibliothek – CIP-Einheitsaufnahme

**Jens, Tilman:**
Goethe und seine Opfer: eine Schmähschrift / Tilman Jens. –
2. Aufl. – Düsseldorf: Patmos-Verl., 1999
ISBN 3-491-72411-2


2. Auflage 1999
Umschlagbild: Horst Janssen, Freunde und andere,
Verlag St. Gertrude, Hamburg 1996
Satz: Typo Fröhlich, Düsseldorf
Druck und Bindung: Bercker GmbH, Kevelaer
ISBN 3-491-72411-2

*Für Kurt Zimmermann,*
*den Erfinder von »Titel, Thesen, Temperamente«,*
*mit dessen Pensionierung eine Ära zu Ende ging.*

**Dieser Charakter gefällt mir nicht.**
*(Schiller über Goethe, Weimar, 5. Februar 1789)*

# I. Augen auskratzen, Ohren abreißen…

Die Zähne begannen ihm auszufallen. Der Haarkranz, den er sich puderte, wann immer er Hof hielt (und wann tat er das nicht!), schob sich höher und höher. Am Rock baumelten die Ordensbänder – doch, mit Verlaub, anderes baumelte auch. Einem Gedicht, das er bis zu seinem Tode wohlweislich unter Verschluß hielt, hatte er, der vermeintlich Omnipotente, im April 1810 Alarmierendes anvertraut: *die Grillen von Meister Iste*, kurzum: die gelegentliche Arbeitsverweigerung des Gemächts. *Verfluchter Knecht, wie unerwecklich liegst du / und deinen Herrn ums schönste Glück betriegst du.*

Der Geheime Rat stand im siebten Jahrzehnt. Die durchschnittliche Lebenserwartung war längst überschritten. Und die Diagnosen der behandelnden Ärzte gaben Anlaß zur Sorge. Mehr als einmal hatten sie ihn angesichts seiner allwinterlich wiederkehrenden Fieberattacken schon aufgegeben. Die kommende Weihnacht werde Goethe nicht mehr erleben. An grundlegende Besserung, etwa den medizinischen Erfolg der böhmischen Badereisen, so angenehm sich diese auch ausnahmen, mochte er selbst nicht mehr glauben. Die Zeit schien reif, Bilanz zu machen, das Erlebte *auf die letzten Formeln* zu bringen – und das nicht nur in den 24, das Versiegen der einstigen Virilität beklagenden Stanzen, die er durchaus aufschlußreich *Das Tagebuch* nannte.

Die Verse waren nur Bruchstücke einer großen autobiographischen Konfession, die ihn nun bis zu seinem Tode beschäftigen sollte – und die gleichwohl, von einigen weiterreichenden Exkursen abgesehen, nicht über die Anfänge, über das Jahr 1775 hinauskam, in dem sich der Frankfurter Bürgersohn davonstahl, um in Carl Augusts Herzogtum ein neues Leben zu beginnen. *Der Wagen stand vor der Tür, aufgepackt war, der Postillon ließ das gewöhnliche Zeichen der Ungeduld erschallen*. Ein Abschiedsfanal auch für den Leser. Weimar, das Zentrum seines Lebens für mehr als ein halbes Jahrhundert, ist in der Autobiographie nicht mehr als ein großer, weißer Fleck.

Ein Zufall waren die Gedächtnislücken kaum. Denn seine Exzellenz hatte – wie zu zeigen sein wird – nicht nur reichlich Würzburger Tischwein, sondern auch jede Menge Leichen im Keller. *Genie ohne Tugend* hat ihn Jean Paul nicht grundlos gescholten. Ein ungeschönter Rechenschaftsbericht, die selbstkritische Rückschau auf seine Vergehen an Jakob Michael Reinhold Lenz, an Hölderlin, Herder und Fichte, Cornelia, der Schwester, dem Naturforscher Oken oder dem alten Diener Seidel: es wäre einem moralischen Offenbarungseid gleichgekommen. Da blieb *Dichtung und Wahrheit* besser Fragment.

Und doch findet sich, versteckt in der Mitte des zweiten Buchs der rudimentären Lebensgeschichte, eine kleine Szene, von den Exegeten des Großdichters meist geflissentlich übergangen, in der Goethe Klartext in eigener Sache spricht und dabei ein schonungsloses Selbst-Psychogramm entwirft. Die Begebenheit, von der berichtet wird, scheint auf den ersten Blick nicht mehr zu sein als episches Beiwerk. Eine Episode aus der ABC-Schützen-Zeit. Frühjahr 1756. Johann Wolfgang besucht Schellhafers Elementarschule zu Frankfurt am Main.

Im Gedächtnis blieben vor allem die nicht ganz freiwilligen *Übungen des Stoizismus.* Mit *Schlägen und Püffen* hätten die Lehrer ihre Zöglinge traktiert, *Widersetzlichkeit oder Gegenwehr war aufs höchste verpönt.* Duldsamkeit galt als Lehre fürs Leben. Noch auf dem Schulhof habe man sich *bis zur Betäubung* auf die Glieder geschlagen, Kitzeln, Kneifen und Zwicken *als etwas Gleichgültiges ertragen, den Leidenstrotz gleichsam zur Profession gemacht.*

Doch dann kam der Tag, an dem der Lehrer nicht zum Unterricht erschien. Freude unter den Kindern, fast alle stürmen aus dem Klassenzimmer. Goethe aber bleibt mit drei anderen zurück. Die machen sich am Kehrbesen zu schaffen, basteln sich Ruten, beginnen den kleinen Wolfgang mit Hieben zu quälen. *Auf das grausamste* peitschen sie seine Beine und Waden. Und er beschließt, den Helden zu spielen, wenngleich in einem exakt abgesteckten Rahmen. Bis zum nahe geglaubten Läuten der Schulglocke werde er alle Pein ohne Gegenwehr über sich ergehen lassen. Schon als kleiner Junge erlaubt er sich keine Spontaneität, unterwirft seine Gefühle einem grotesk anmutenden Ordnungssystem. *Ich rührte mich nicht, fühlte aber bald, daß ich mich verrechnet hatte, und daß ein solcher Schmerz die Minuten sehr verlängert.* Doch er hält durch. Seine Wut freilich wird größer und größer. Er hat nur noch *Rache im Sinn und in den Gliedern.*

Mit dem ersten Schlag der Schulglocke haut er zurück, teilt aus, weit mehr, als er einstecken mußte. An jede Attacke weiß er sich haarklein zu erinnern: den ersten zu Boden gezwungen, *indem ich mit dem Knie seinen Rücken drückte.* Den zweiten, jünger und schwächer, *zog ich bei dem Kopfe durch den Arm und erdrosselte ihn fast.* Den dritten durch einen geschickten Griff am Kleide niedergestreckt, *mit dem Gesicht gegen den Boden gestoßen*. Drei auf einen Streich, er scheint den martialischen Triumph, auch fünfzig Jahre danach, in vollen Zügen zu genießen. Der Autor läßt keinen Zweifel: Das ist keine Anekdote. Das ist ein Gleichnis. *Ich erklärte*, läßt der 61jährige den 6jährigen sagen, *daß ich künftig bei der geringsten Beleidigung einem oder dem anderen die Augen auskratzen, die Ohren abreißen, wo nicht gar ihn erdrosseln würde.*

Daran hat er sich gehalten, als Schulanfänger einen Weg skizziert, dem er fortan unbeirrbar folgte. Frühvollendeter Goethe! Doch weh dem, der ihm in die Quere kam, seinen Lebensentwurf, seine Karriere, seine Ordnungsprinzipien durchkreuzte.

**In seinem »Werther« hat er sich ausgeliebt, abgebrannt, zum Bettler geschrieben.**

*(Ludwig Börne in seinem Tagebuch, 11. September 1819)*

# II. Jakob Michael Reinhold Lenz

Am 7. November 1775 ist er angekommen, der *Frankfurter Hungersnoth des guten Geschmacks* endlich entronnen. Schon wenig später weiß er seine Pläne im 6000-Seelen-Städtchen an der Ilm mit Klarheit zu umreißen. *Meine Lage ist vortheilhaft genug, und die Herzogthümer Weimar und Eisenach immer ein Schauplatz, um zu versuchen, wie einem die Weltrolle zu Gesicht stünde.* Er will nach oben, Karriere machen – als Höfling bei Herzog Carl August. Wie bieg- und beugsam er ist! Keine zwei Jahre sind vergangen, seit er im *Werther* just jene *Rangsucht* dem Spott preisgegeben hatte, von der er nun selbst heimgesucht schien: *Was das für Menschen sind, deren ganze Seele auf dem Zeremoniell ruht, deren Dichten und Trachten jahrelang dahingeht, wie sie um einen Stuhl weiter hinauf bei Tische sich einschieben wollen!* Rhetorische Fragen von gestern. Werther war ein toter Mann. Zehn Jahre lang wird er das Buch nicht einmal mehr in die Hand nehmen. In einem Akt symbolischer Befreiung hatte Goethe vor Monaten seinen blauen Rock, die gelbe Weste an den Frankfurter Jugendfreund Klinger verschenkt. Das Kapitel war abgeschlossen.

Nun steht die Ernennung zum Minister bevor, *Akten. Conseil. Beim Herzog gessen.* wird über Jahrzehnte eine seiner liebsten Tagebuch-Eintragungen heißen. Das Gehalt des 26jährigen soll zunächst 1200 Taler per annum betragen, bei freier Wohnung, versteht sich. Ein gestandener Handwerksmeister verdiente, wenn es gut lief, gerade ein Sechstel.

Auch wenn es in den ersten Monaten bisweilen noch toll zugeht bei Hof, besorgte Chronisten von wilden Gelagen, zerschmissenen Gläsern und gotteslästerlichen Scharaden berichten, ja sogar von manch einer blutigen Keilerei: Er war auf dem Weg in eine Existenz, die Sicherheit versprach und Anpassung verlangte. Und just da sagt sich Besuch an. Ein Dichterfreund, blond, blauäugig und mit breitem baltischen Akzent, einer, den Goethe – gesellschaftlich gesehen – längst hinter sich gelassen hat. Ein Poet aus armen Verhältnissen, der sich als Hofmeister, als verachteter Privatlehrer adliger Kinder, durchschlagen mußte. In Straßburg waren sich Goethe und Jakob Michael Reinhold Lenz 1771 das erste Mal begegnet. Zwischen den beiden Kommilitonen hatte sich leidenschaftliche Freundschaft entsponnen; gemeinsam polemisierten sie gegen die Herkömmlichkeit eines von formalen Zwängen beherrschten Theaters, schwärmten für Shakespeare, Homer, die Ossianschen Verse und trugen einander ihre dramatischen Erstlinge vor. Der eine seinen *Götz*, der andere das von autobiographischen Entbehrungen gezeichnete und als Komödie getarnte Trauerspiel vom *Hofmeister*. Das waren sie, jene Tage, die Goethe der geliebten Schwester Cornelia als Glückseligkeit auf Erden pries: *vollkommen wie eine Schlittenfahrt, prächtig und klingend.*

Im Rausch der sturm- und drängenden Gefühle entstehen herzergreifende Briefe. Goethe nennt den Freund aus dem livländischen Seßwegen einen *trefflichen Jungen, den ich liebe wie meine Seele*. Und für Lenz ist der Frankfurter Bürgersohn mal der *Bruder*, mal der *Retter*, auf alle Fälle einer, mit dem sich *Göttertage* genießen lassen. Als

Goethe überstürzt aus dem Elsaß abreist, macht Lenz den Platzhalter, kümmert sich um die mit wenig Noblesse, dafür mit großen Versen versetzte Pfarrerstochter Friederike Brion … *ich ging, du standst und sahst zur Erden, / und sahst mir nach mit nassem Blick.*

Lenz sortiert die Scherben, die des Genius Gastspiel, sein *Willkommen und Abschied* in Sesenheim, hinterlassen hatte. Er beginnt Friederike – so weit reichte die gefährliche Identifikation mit dem großen Vorbild – glühend zu verehren. Auch er schenkt ihr, *der Liebe vom Land*, ein Gedicht, das zu seinen schönsten zählt. Von den eigenen Gefühlen freilich wird nicht die Rede sein, wohl aber von den Regungen einer Seele, die an Goethe zerbrach.

*Denn immer, immer, immer doch*
*Schwebt ihr das Bild an Wänden noch,*
*Von einem Menschen, welcher kam*
*Und ihr als Kind das Herze nahm.*
*Fast ausgelöscht ist sein Gesicht,*
*Doch seiner Worte Kraft noch nicht.*

Er vertritt ihn. Jakob gehört zur Familie, spätestens seit er Wahlbruder Wolfgang im Mai 1775 auf einem unangenehmen Familienbesuch nach Emmendingen begleitet hat, an dessen Ende wiederum ein Willkommen und ein Abschied standen. Goethe hat Adieu gesagt, das Feld geräumt. Die mit viel besitzergreifender Liebe traktierte Schwester gehört jetzt einem anderen: dem Oberamtmann Johann Georg Schlosser. Und den kann er nicht leiden. Lenz aber hat in Cornelia eine Freundin entdeckt, die ihm schon ein Jahr später sehr bedeutsam werden sollte. Zum Schluß des zehntägigen Aufenthalts wird sie ihm einen Schattenriß und einen Band mit ihren Lieblingsgedichten verehren. Und er wird in seinem Tagebuch schwärmen: *Gottlob, daß ich Dich habe – und wenn Du nicht da bist Dein Portrait und Deinen Petrarca. Nimmer werd's vergessen, wie Du ihn mitgabst zum Geleitsmann bei meiner Reise.*

Auch Goethe, dessen *Werther* in diesen Tagen für Furore sorgt, wird Euphorisches schreiben. Beim Abschied am Pfingstmontag reimt er in Lenzens Stammbuch: *Zur Erinnerung an gute Stunden, aller Freuden, aller Wunden, aller Sorgen, aller Schmerzen, in zwei tollen Dichterherzen, noch im letzten Augenblick, lass ich Lenzen dies zurück.* Der Sohn eines verarmten Dorfpfarrers hat Goethes poetische Schmeichelei für bare Münze genommen – als Wahrheit, nicht als Dichtung. An dieser Fehleinschätzung wird er zugrunde gehen.

Lavater hat ihn in die Schweiz eingeladen, Herder nach Bückeburg, Lenz aber will – wie einst in Sesenheim – den Spuren des bewunderten Freundes folgen. Schon phantasiert er von einer Reise, *deren Folgen für mein Vaterland wichtiger als für mich seyn werden.* Er schnorrt sich das Fahrgeld zusammen, schlüpft unterwegs in Goethes Frankfurter Elternhaus unter. Am 2. April 1776 dann endlich erreicht er Weimar. Anders als Goethe ohne herzogliche Einladung, anders als Goethe bettelarm, im Gepäck kaum mehr als einen Koffer Illusionen. Hatte ihm Goethe nicht ewige Freundschaft geschworen, hatte der junge Carl August nicht auch ihn einmal kurz in Straßburg besucht? Ist das nicht Hoffnung genug, um in Thüringen ein kreatives Refugium, mag sein: sogar Lohn und Brot zu finden? Er träumt von einem Paradies der schönen Künste, von einem Hof, so hat er vor seiner Abreise geschrieben, *der Deutschland das erste Muster von Beschützung der Musen aufstellt.* Noch am Abend der Ankunft schickt er dem Herzog ein kleines Bettelgedicht, das bei aller Komik die oft unwürdige Situation so vieler Schriftsteller dieser Zeit vor Augen führt.

*Ein Kranich lahm, zugleich Poet*
*Auf einem Bein Erlaubnis fleht*
*Sein Häuptlein, dem der Witz geronnen*
*An Eurer Durchlaucht aufzusonnen.*

Der Streuner wird erhört, bei Hofe aufgenommen, die Staatskasse übernimmt fürs erste Logis und Zeche. Er ist nun wer, zum ersten Mal in seinem Leben. Die Eltern dürfen stolz sein. Der Vater möge, schreibt er nach Hause, *alle unsere Geschwister und Freunde an einem Sonntage zusammenbitten und auf meines Bruders Goethe Gesundheit trinken.* Der zeigt sich zunächst tatsächlich generös, lädt ihn ein ins Gartenhaus, man nächtigt unter freiem Himmel, sie lärmen und baden nackend im Fluß. Die alten kraftmeiernden Zeiten scheinen zurückgekehrt. Der Herzog, Goethe, Wieland und Lenz duzen einander, spielen Blindekuh und benehmen sich, klagt Johann Heinrich Voß, *wie unerzogene Jungen.*

Der Neuankömmling schmiedet Verse über Kuriosa am Hofe, über ein mißlungenes Feuerwerk, über einen Schnupfen des Herzogs und wird dafür auf Kosten des Fiskus neu eingekleidet. Er wähnt sich gänzlich integriert in das Leben des Städtchens. Mit Wieland und Goethe jedenfalls, schreibt Lenz an einen Freund, lebe er *in einer seligen Gemeinschaft. Nachmittags treffen wir uns oben beim Herzog, der mit einer auserlesenen Gesellschaft guter*

*Leute, die er die Weltgeister nennt, seine meisten und angenehmsten Abende zubringt. Goethe ist unser Hauptmann.* Anführer einer Bande von skandalträchtigen Genies ... ein letzter Mummenschanz. Dann wird es ernst. *Einführung. Schwur.* Der knappe Tagebucheintrag vom 25. Juni 1776 markiert eine Zäsur. Goethe ist nun Minister, *lebt und regiert und wütet und gibt Regenwetter und gibt Sonnenschein.* Mit leisem Spott und doch nicht frei von Bewunderung, hat Christoph Martin Wieland die neue Berufung kommentiert. Er hat Goethe mit viel Wohlwollen willkommen geheißen in Weimar, doch an einem bestand für den Herausgeber des *Teutschen Merkur* nicht der leiseste Zweifel: daß ein Goethe in Amt und Würden *als Dichter wenigstens auf viele Jahre für die Welt verloren ist.* Der frisch vereidigte Staatsmann sah das offenkundig ähnlich – was ist schließlich ein Vers gegen eine Verfügung! Aber wozu gab es Lenz! Dem werde er, so hat Goethe dem Schriftstellerkollegen Christian Felix Weisse anvertraut, fortan *seine literarische Laufbahn überlassen.*

Jetzt hieß es Regieren – und das war im kleinen Herzogtum gewiß kein Geschäft, das die kreativen Kräfte anzuregen vermochte. Nicholas Boyle hat die Arbeit im Geheimen Conseil beklemmend genau beschrieben: vom Begräbnis eines beim Duell getöteten Studenten bis zur Festsetzung des Abschußpreises für die Köpfe von Sperlingen und anderen Schädlingen. Bücher waren zu prüfen, Verfahrensfragen hinsichtlich der avisierten Wiederinbetriebnahme des Silberbergwerks in Ilmenau zu erörtern. Sorge bereiteten nicht zuletzt die *wühlenden Bewohner des Ettersbergs*, das waren die Wildschweine, die sich der Herzog im Hofjagdrevier ohne Gatter hielt.

Goethe, dem jeder Schlendrian zuwider ist, wacht

sogar darüber, daß die Wirtsleute den Bierpfennig pünktlich abführen. Er selbst wird einmal von Beschäftigungen sprechen, *die alle Säfte stocken machen und alle natürliche Wärme einsperren*. Seine Strenge fällt auf. Er beginnt sich zu verändern. Oder, mag sein, er kehrt heim zu den Ursprüngen, zur Pedanterie des Vaters, der noch die kleinste Investition in die Bildung des Sohnes rechenmeisterlich zu erfassen suchte: *Fürs Elefantengucken 24 Kreuzer*. Wie hat er diesen Mann gehaßt, ihn der Lächerlichkeit preisgegeben als gestrengen Kleingeist, der *die Laute länger stimmte als er darauf spielte*. Eine trostlose Erscheinung, die vorausahnende Karikatur eines deutschen Magisters im Untertanen-Reich.

Noch die eingehenden Briefe des in Leipzig studierenden Sohnes hat er, im Studierzimmer sitzend, *mit Aufmerksamkeit korrigiert und sowohl Schreib- als Sprachfehler verbessert*. Und ausgerechnet ihm beginnt er jetzt nachzueifern, wenngleich eine Rangstufe höher als Johann Caspar, dem es bestimmt war, seinen Zwangscharakter im Stand eines Privatiers auszuleben, der aber folglich Zeit im Übermaß hatte, den Sohn nach den eigenen Vorstellungen zu drillen. Mit durchschlagendem Erfolg. Für Karl August Böttiger jedenfalls, Weimars begnadeten Spötter, gab es nicht den leisesten Zweifel: *Alles eckigte, gezwungene, gezwickte Ministerartige hat Göthe von seinem Vater.*

Lenz ist einer der ersten, der merkt, wie der Freund sich selber abhanden kommt. Er hat da ein sensibles Gespür. Ihm, dem Anwalt der verachteten Hauslehrer, der entrechteten Soldaten, dem Dichter, für den Schreiben bedeutete, *unter den elenden Hunden zu wühlen*, ihm war es nicht gegeben, schnurstracks die Fronten zu wechseln. Er hielt es noch immer mit dem *Werther*, in dem

Goethe seine Verachtung für die Arroganz der erlauchten Herrn formuliert hatte: *Leute von einigem Stande werden sich immer in kalter Entfernung vom gemeinen Volke halten.*

Der Geheime Legationsrat aber hat schnell dazugelernt. Nun pocht er auf Hofetikette und weist den Freund zurecht, als dieser in falscher Kleidung – in Maske, nicht im Frack – auf einem Ball erscheint. Für Lenz gerät die Welt gut-shakespearesch aus den Fugen. Er zieht einen ersten Trennstrich. *Mit all solchem höfischen Distriktionskram sollt ihr mich ein für allemal ungeschoren lassen.*

Er flieht aufs Land, *weil ich bei Euch nichts tun kann.* Will fort von Goethe und beginnt ihm doch einmal mehr nachzulaufen. Auch Lenz würde jetzt gern Politik machen im Zwergstaat Weimar mit seinen gerade einmal 106.000 Bewohnern – wenngleich anders, rebellischer als der Freund, der Herr Minister. Die Teilhabe an der Macht hat ihn niemals gereizt, seine Sache ist die Opposition. Er will den Status Quo verändern. Den Zustand des Heeres klagt er an, dessen Zusammenhalt einzig die Furcht sei: Wie solle man da für die Freiheit und gegen Unterdrückung kämpfen?

Abgeschieden in den Wäldern von Berka, wo er – wie Wieland argwöhnt – *vermutlich Heuschrecken und Wildfang frißt*, treibt er seine *Soldatenschrift* voran, ein kompromißloses Manifest, das für bessere, humanere Lebensbedingungen des soldatischen Fußvolks stritt. Traumtänzerisch, wie er ist, denkt er immer noch, das wird dem alten Weggefährten gefallen. Doch der Jungstaatsmann hat wenig Freude daran. Er rät dem notorischen Weltverbesserer, die aufrührerische Schrift zu verbrennen, bevor größerer Schaden entstehe. Auch Goethe beginnt sich abzugrenzen. Von Lenz. Von der eigenen Vergangenheit. Zunächst wollen beide, so scheint es, die wachsende Entfremdung nicht wahrhaben. Goethe schickt über seinen Diener Seidel Papier, Zitronen und Rhabarber in die Enklave nach Berka. Gelegentlich besucht er Lenz gar selbst. Dann ist Weimar weit, und die Freunde stieren gefühlsbeduselt in den Mond. Herzog hin, Ministerwürden her, fremd können dem zum Staatsdiener beförderten Dichter die Gefühle Lenzens kaum gewesen sein, der seine Weltflucht in bester Werther-Manier zu beschwören verstand: *Ich schmecke die ganze Wollust der Einsamkeit auf den Kontrast des Hofes.* Nein, ganz waren die in Straßburg besiegelten Bande noch nicht zerbrochen.

Wenn Goethe Berka frühmorgens mit dem ersten Sommersonnenstrahl verläßt und zurückreitet nach Weimar, den Höfling zu geben, wird Lenz die *Soldatenschrift* zunächst einmal ruhen lassen und dafür die Arbeit am *Waldbruder* fortsetzen, den er *ein Pendant zu Werthers Leiden* nennt. Noch ein kaum verschlüsselter Briefroman! Goethe mutiert zu Rothe, Lenz nennt sich Herz. Ein letztes, trauriges Aufbäumen gegen das absehbare Ende einer großen Freundschaft. *Herz! Du dauerst mich!* Mit einer winzigen Bleistiftnotiz wird Rothe alias Goethe dem einstigen Bruder bedeuten, daß er einen wie ihn fortan nicht mehr ernst nehmen könne. Und Lenz wird als Herz in probater Selbstverkleinerung antworten: *Ich danke Dir für Dein zuvorkommendes Mitleid.* Sie spielen nicht mehr in der gleichen Division. Der Pakt der tollen Dichterherzen wird zu Grabe getragen.

Doch Lenz, der Verehrer des ungestümen Shakespeare, ist Komödiant genug, um in einem erdachten Briefzeugnis jeden Zweifel auszuräumen, wer da wen verläßt, wer da wen verraten hat. Was ist aus Rothe geworden! Ein Mann, der ohne einen Anflug von Selbstzweifel von sich behauptet: *Ich lebe glücklich wie ein Poet, weil ich mich überall hinzupassen und aus allem Vorteil zu ziehen weiß.* Ein Opportunist, ein verkommenes Subjekt! Lenz wußte nur zu genau, daß jenes Weimar, in dem sich Goethe einzurichten begann, niemals das seine werden könnte. Hier wird er scheitern.

Zuvor aber will er es dem in unerreichbare Ferne Entschwebten noch einmal zeigen. Das gebietet die Selbstachtung. Was tut Lenz? Er befolgt, seiner Zeit um Längen voraus, einen der schönsten, weil widerspenstigsten Sponti-Sprüche unserer Tage: Du hast keine Chance, aber nutze sie! Er kehrt, von Goethe und Wieland wieder nach Weimar gewünscht (*Mach, daß Du uns hier wieder existierst*), aus der grünen Einsiedelei an den Hof zurück. Aber er ahnt, daß der Freund auf ministeriellen Abwegen sehr wohl verwundbar ist.

Gleich im April hatte Goethe den Überraschungsgast bei Frau von Stein eingeführt, der Freundin von Einfluß, die ihn über Jahre die Mühen des Karriere-Machens vergessen machen sollte: *Die Stein hält mich wie ein Korckwamms über dem Wasser, dass ich mich auch bei gutem Willen nicht ersäufen könnte.* Den elend getriebenen Freund will sie gleich miterretten, was der sich gern gefallen läßt. *Goethes große Freundin* ist für ihn bald *eines der herrlichsten Geschöpfe auf Gottes Erdboden*. Einmal mehr schwärmt er in des Meisters Schatten. Und er findet Beachtung. Noch aus Berka hatte er ihr geschrieben, wie verhaßt ihm der Gedanke sei, sich *bei Hofe zu produzieren*. Die Anspielung war kaum zu mißdeuten, der Seitenhieb auf Goethe saß. Vorsorglich vergaß Lenz nicht zu erwähnen, er kenne gegen alle Übel, die ihn bedrückten, *keine anderen Erleichterungen als mich vor der Welt zu verstecken*. Wußte er doch, Frau von Stein konnte helfen. Ihre Familie besaß den Rittersitz Großkochberg.

Der Kochberg! Das Renaissance-Schlößchen hinter den Bergen, sieben Kutschwagenstunden von Weimar entfernt: Das war der Ort, an dem Goethe – er wird Lenz davon erzählt haben – seine *liebste, zärtlichste und zärtlich geliebteste* Charlotte entdeckt hatte. Das war der Ort, wird er später bekennen, *wo ich sie zum ersten Mal besuchte und sie mich durch ihre Liebe so fest hielt*. In ihre Schreibtischplatte hat er den Tag seines ersten Besuchs, den 6. Dec 75 eingekratzt. Und was tut der *liebe Engel*? Nun, Madame lädt sich einen andern ein. Den Freund. Welcher Teufel hat sie geritten? *Vielleicht ist es einfach Laune*, spekuliert Sigrid Damm in ihrer sensiblen Annäherung an das Leben des Jakob Michael Reinhold Lenz, *mag auch sein: Schutz vor dem aufkommenden Hofklatsch, die Einladung eines anderen Dichters. Oder ganz einfach: fraulicher Instinkt; den anderen, den um sie werbenden, Goethe, zu verletzen, eifersüchtig zu machen. Ein Reiz, ein Spiel, sehen wie er reagiert.*

Und er reagiert heftig, als er von den Reiseplänen erfährt. Er legt eine bühnenreife Szene hin. Verfällt in Selbstmitleid (*Reine Trauer des Lebens*), gibt sich beleidigt (*von mir ist die Rede nicht, und warum sollte von mir die Rede seyn!)*. Er wähnt Verrat, droht in einem Brief seinerseits mit Liebesentzug. Keine vertraulichen Kassiber mehr, vorbei die Zeit der *Billetts-Kranckheit*, zurück zum förmlichen Sie: *Ich verbitte mir auch alle Nachricht von Ihnen oder Lenz*. Zuvor aber versucht er, den Gegenspieler mit psychologischer Kriegsführung zu erlegen. Er macht ihn klein, degradiert ihn zu seiner Marionette: *Ich schick Ihnen Lenzen ... die zerstörte Seele soll in Ihrer Gegenwart die Balsamtropfen einschlürpfen, um die ich alles beneide.* Soll des Oberstallmeisters Gattin doch sehen, auf wen sie sich da einläßt: auf einen Psychopathen! Der kommt nicht aus freien Stücken, der wird geschickt, sich seinen Balsam für die kaputte Seele abzuholen. Dieser Technik des wohlfeilen Rufmords wird sich Goethe noch öfter bedienen. In der Wahl seiner Mittel ist er nicht eben zimperlich. *Bei der geringsten Beleidigung dem anderen die Augen auskratzen.* Ob er sich an seinen Schwur, damals als sechsjähriger Schüler, erinnerte? Lenz jedenfalls trifft er zielsicher an der empfindlichsten Stelle. Ein Leben lang hat der, die eigene Würde oft preisgebend, um ein klein wenig Anerkennung gebettelt und geklagt, daß ihm *Geringschätzung das allerhöchste Leiden* sei. Nun wird er – von seinem großen Vorbild – zur Nichtexistenz erklärt. Der ist kein Umgang mehr für einen leibhaftigen Minister. Der ist, so hat er der Freundin geschrieben, bestenfalls *ein kleines, wunderliches Ding.* Wenn etwas anliege, läßt der verletzte Dichter seine Charlotte wissen, dann solle man an seinen Diener schreiben.

Lenz steht in Ungnade, er merkt es bloß nicht. Mag auch sein, er schaut einfach nur weg. Er weiß doch, daß er Goethe niemals erreichen wird, daß er es in Weimar bestenfalls zum Vorleser bei Hofe bringen kann. Aber den kleinen Kochberger Triumph will er auskosten.

Offizielle Mission seiner Reise war nicht zuletzt, die Baronin im Englischen zu unterweisen – eine Aufgabe, die Goethe einst bevorzugt selbst übernommen hatte. Jetzt darf Lenz an seine Stelle treten. Er plustert sich auf vor kindlichem Stolz. Jedenfalls schweigen, wie vom in Weimar versauernden Freunde verlangt, kann er nicht. Schon am dritten Tag ein euphorischer Brief: *Ich bin zu glücklich, Lieber, als daß ich Deine Order, von mir nichts hören zu lassen, nicht brechen sollte. Dir alle Feerei zu beschreiben, in der ich itzt existiere, müsste ich mehr Poet sein als ich bin.* Und dann folgt ein Satz, der den Bruch endgültig besiegeln wird – und doch kaum mehr war als eine harmlose Fopperei: *Mit dem Englischen geht's vortrefflich. Die Frau von Stein findet meine Methode besser als die Deinige.* Das läßt der Empfänger nicht auf sich sitzen.

Wenn Goethe eifersüchtig wird, wie schon bei Käthchen Schönkopf, der Leipziger Liebelei, dann denkt er, so hat er's einem Vertrauten beschrieben, *mein Kopf spränge mir für Wuth*. Diesmal freilich operiert er mit Kalkül. Er beginnt, den Freund in Weimar als lächerliche Figur hinzustellen, macht ihn, erinnert sich Karl August Böttiger, zum *Plastron*, zur Zielscheibe des Spotts. Goethe verliest des Freundes oft überspannte, manchmal gar schwülstigen Briefe, verhöhnt ihn wegen seines ungeschickten Betragens bei Hof. *Lenz ist uns wie ein krancken Kind*, tönt er hochmütig in ähnlich lautenden Briefen an Lavater und Merck, *wir wiegen und tänzeln ihn und geben und lassen ihm vom Spielzeug, was er will.*

Allerlei Spielzeug indes schickt er Charlotte von Stein: Pfirsiche und Blumen – und einen Brief, der vor Sentimentalität trieft. Die mit Lenz auf den Kochberg ausgerückte Freundin kommt ihm vor *wie Madonna, die gen Himmel fährt, vergebends dass ein rückbleibender seine Arme nach ihr ausstreckt, vergebends dass sein scheidender trähnenvoller Blick den ihrigen noch einmal niederwünscht.* Er stilisiert sie zum sphärischen Wesen, die Frau, die er so gern mit Profanem beglückte: mit Eingemachtem oder kleinen *Wurst-Andencken*. Goethe ist von Sinnen. Noch vier Jahre später wird er Charlotte von den Schmerzen klagen, *daß ich Sie das erste Jahr in Kochberg nicht sehen durfte*.

Gegen Ende seines sechswöchigen Aufenthalts auf dem Stein'schen Sommersitz wird Lenz gewußt haben, was ihn in Weimar erwartet. Mag sein, auch deshalb beschließt er, sich erst einmal wieder in der Einsamkeit Berkas *vor der Welt zu verstecken*. Am 30. Oktober, einen Tag, bevor er dorthin aufbrechen wird, schreibt er ein düster weitsichtiges Gedicht, *den letzten Tag in Kochberg in dem Zimmer der Frau v. Stein gemacht; niemand als ihr selbst vorzulesen*. Verse voller Abschiedsschmerz. Aber auch voll von dankbarer Erinnerung an Momente des Glücks: *So soll ich dich verlassen, liebes Zimmer, / Wo in mein Herz der Himmel niedersank*.

Lenz preist die *Freuden eines Augenblicks*, die Lust der *Kranken, die genesen*. Er taumelt euphorisch an der Kliffkante zum Abgrund: *die Seele schon auf blassen Lippen stand*. Todesahnung. Gerade noch ein Monat wird ihm bleiben, bis seine Irrfahrt ins Verderben beginnt. Die Zukunft scheint vorgezeichnet. *Ich aber werde dunkel sein / und gehe meinen Weg allein*. Das sind die letzten Zeilen. Eine gewaltsam herbeigeführte Seelenfinsternis wirft ihre Schatten voraus.

Der Rest ist schnell erzählt: In Berka angekommen, schreibt er am *Waldbruder* weiter. Faßt seine Angst in ein Bild, das einem Alptraum zu entstammen scheint. *Wir lachen Dich aus der Haut und der Welt hinaus*. In grellen Bildern sieht er die Dinge, die kommen werden. Nach wenigen Wochen kehrt Lenz nach Weimar zurück. Und fällt einmal mehr aus dem Rahmen. Hat er eine Satire, eine kleine Schmähschrift, ein Pasquill auf den Hof und seine Höflinge verfaßt? Hat er Pikantes über Charlotte von Stein ausgeplaudert? Oder ist er schlicht wieder auf einem Ball erschienen, auf dem einer wie er nichts zu suchen hatte? Der Geheime Rat jedenfalls sprach von einer *Eseley*, einem manifesten Verstoß gegen die politische Korrektheit. Für den, der sich nun staatstragend sah, war's ein schweres Delikt, das augenblicklich zu ahnden sei. Alle Spuren des Streits freilich wurden sorgsam vernichtet, aber vielleicht wird es am Ende so gewesen sein, wie Sigrid Damm vermutet: *Eine große Wahrheit muß Lenz Goethe gesagt haben, wie sonst könnte Goethe so getroffen sein.*

Auf ausdrückliches Betreiben des gewesenen Freundes, gar unter Androhung von Polizei-Gewalt, wird Lenz am 28. November 1776 aus Weimar verwiesen. Der Abgeurteilte bittet den Kammerpräsidenten von Kalb, vor der Vollstreckung wenigstens gehört zu werden. Gnade fordert er nicht, aber Gerechtigkeit. Gemeinsame Bekannte, wie der Hofrat von Einsiedel, versuchen zu schlichten. Doch Goethe kennt kein Erbarmen. Ohne sein hochherrschaftliches Verdikt auch nur zu begründen, fegt er alle Zweifel vom Tisch. *Lenz wird reisen. Ich habe mich gewöhnt, bei meinen Handlungen meinem Herzen zu folgen und weder an Mißbilligungen noch an Folgen zu denken.* Er spricht wie ein Despot. Weder an Folgen noch an Mißbilligungen zu denken! Wie brutal und selbstgerecht er in nur einem Weimar-Jahr geworden ist. Goethe kennt nur noch die eigenen Interessen. In seinem Zorn vergißt er nicht, von Lenz seinen Degen zurückzufordern, nicht von Angesicht zu Angesicht, sondern über Diener Seidel, versteht sich.

Am 1. Dezember muß Lenz sich *schleichen*. Arm und einsam. So wie er acht Monate zuvor gekommen war. Aber jetzt *traurig genug*, jeder Hoffnung auf bessere Zeiten beraubt. *Ausgestossen aus dem Himmel als ein Landläuffer, Rebell, Pasquillant.* Goethes Attacke hat gesessen. Lenz wird krank, verliert die Orientierung. Einen Brief, wenige Wochen nach seiner Vertreibung, unterschreibt er mit dem Signum *der umherirrende Lenz*. Er will den endgültigen Bruch nicht wahrhaben, zu tief wäre der Schmerz. Er sucht Schutz, wenn nicht bei Goethe, so doch wenigstens bei dessen Schwester. Kurz vor Weihnachten steht er bei Familie Schlosser vor der Tür.

Noch einmal versucht er sich ein klein wenig aufzubäumen. Diesmal ist er nicht Goethes Sekundant. Beim Besuch im vorvergangenen Frühjahr hat er Cornelias traurigen Zustand sehr wohl mitbekommen. Die freudlose Ehe. Und dann dieses Emmendingen, dieser Ort, *der ihr eine Einsamkeit, eine Einöde sein mußte!* Lenz flüchtet bald nach seiner Ankunft in imaginäre Gespräche, die er *Selbstunterhaltungen* nennt. Auf seinem Schreibblock gesteht er der deprimierten Freundin die eigenen Gefühle. Jetzt spricht er selbst. *Engel, Trost, Beglückung meines Lebens, Kleinod das der Himmel meinem Herzen zuwarf… Beruhigung und Ziel aller meiner Wünsche, Cornelia! Cornelia!!!* Nur: Sie hat die Zeilen niemals gelesen.

Und wenn er sich offenbart hätte? Gab es noch etwas zu verlieren? Kaum. Aber eben auch nichts mehr zu gewinnen. Cornelia, verdammt zur Austragung einer neuerlichen Schwangerschaft (bereits die letzte hatte sie nur mit einigem Glück überlebt), war schon zu krank, zu nah am Tod, um Jakob auch nur ein wenig Geborgenheit zu geben. Lenz wird schreiben: *So muß ich denn ewig alles bei mir behalten, was ich für Dich fühle und darf es kaum den Winden fortzuführen geben.* Ob die beiden, wenn sie einander hätten entdecken können, dem vorgezeichneten Elend entkommen wären? Hätten, wären, können: Betörende Möglichkeitsformen! Mehr nicht.

Ein halbes Jahr bleibt er in Emmendingen. Das ist Qual genug. Dann zieht er weiter. Jakob soll ja bald schreiben! In der Schweiz wird ihn die Nachricht erreichen, Cornelia hat eine Tochter geboren. Was er fühlt, packt er in ein *Liedgen* für die neugeborene Juliette, das geradezu zärtlich auch das eigene Elend, all die zerschlagenen Hoffnungen anklingen läßt.

*Willkommen kleine Bürgerin*
*Im bunten Tal der Lügen!*
*Du gehst dahin, du Lächlerin!*
*Dich ewig zu betrügen!*

*Was weinest Du? die Welt ist rund*
*Und nichts darauf beständig.*
*Das Weinen nur ist ungesund*
*Und der Verlust nothwendig.*

Der notwendige Verlust! Lenz, der Taufpate werden soll, kehrt eilends ins Badische zurück. Als er Emmendingen erreicht, erfährt er als erstes: Cornelia ist tot. Er bricht zusammen und verlangt, man solle ihr Grab öffnen. Noch einmal will er sie sehen. Zu spät! Er läuft fort. Die Zeugnisse seines Lebens werden rar. Im Januar 1778 wandert Lenz, studierter Theologe, ins elsässische Waldersbach. Bei Pfarrer Oberlin ist er willkommen. Im Steintal soll er predigen, die *Kanzel versehen*. Doch da lebt er schon in einer anderen Welt. Im Februar wird er versuchen, ein totes Kind zu erwecken. Er muß fort, Georg Büchner hat in seiner Lenz-Novelle das allmähliche Erlöschen einer Existenz beschrieben. *Dasein war ihm eine notwendige Last. So lebte er hin …*

Ein letzter Besuch in Schlossers Haus. Cornelias Spuren sind ausgelöscht. Der Witwer hat sogar die Briefe und Papiere seiner verstorbenen Frau verbrannt. Er wird bald wieder heiraten. Lenz tobt. Er phantasiert. *Die Schlosserin nicht unsterblich? Die Schlosserin verwesen? Nein, das ist unmöglich!* Er wird mit Ketten ans Bett gefesselt. Der Oberamtmann sieht nur noch den Weg, *ihn ins Frankfurter Tollhaus zu bringen.* Mutter Goethe schaltet sich ein. Sie bittet Wieland – nicht ihren Sohn! –, in Weimar am Neujahrsfest für den gestrandeten Dichter zu sammeln. Lenz sei *doch ein armer Teufel und es ist doch so eine sache Ihn gantz zu verlassen.*

Aber Wieland traut sich nicht, die Angelegenheit bei Goethe vorzubringen. Der will doch von all dem nichts mehr wissen. Dem ist Lenz, welch infame Formulierung, nur noch *ein verhasster Gegenstand.* Unliebsame Erinnerung an ein Stück rebellischer Jugend. Das Kapitel ist abgeschlossen. Mit einem, der wie Götz von Berlichingen den ganzen elenden Regelkodex mit Füßen tritt, mit einem, der – wie er selbst in den Monaten vor der Flucht nach Weimar – *scheissig gestrandet ist*, hat er nichts mehr zu schaffen. Er ist beseelt, so Walter Benjamin in seinem Goethe-Essay, von *triebhafter Abwehr gegen die schrankenlose Impulsivität und das Pathos, die im Lebensstil seiner Jugend lagen und denen er sich auf die Dauer nicht gewachsen fühlte.*

Schon der Gedanke, Lenzens Manuskripte gedruckt zu

sehen, bereitet ihm Verdruß. Für einen Gescheiterten ist in dem Kosmos, den er sich binnen kürzester Zeit eingerichtet hat, kein Platz mehr vorhanden. Wie er das Kranke verachtet! Das kommt ihm viel zu gefährlich. Er wandelt nun auf sicheren Pfaden, ganz der gern zelebrierten *Einsamckeit ergeben*, und fühlt sich – Genie, wie er ist – jeder Verpflichtung enthoben, auf die von ihm hinterlassenen Trümmer hinabzuschauen. *Ich nehme doch keinen Theil an den Menschen*, wird er in ein paar Jahren über sich höchst selbstverständlich sagen.

Goethe erfreut sich höfischer Höhenluft, Lenz kehrt – abgeholt vom Bruder – dem leibhaftigen, und nicht vom erwählten aus Weimar! – krank und gebrochen zum Vater nach Riga zurück. Er versucht eine neue Existenz, erst als Lehrer, dann als Soldat. In St. Petersburg hält er *philosophische Vorlesungen für empfindsame Seelen*. Er scheitert erneut, bricht wieder die Zelte ab und verdingt sich in Moskau, als Erzieher, als Hofmeister. Dann verlieren sich seine Spuren. Rowohlts Bildmonographie attestiert schlicht *langsame Verblödung*.

Zu den wenigen erhaltenen Dokumenten gehört ein Brief an den Bruder vom Frühjahr 1792. Ein allerletzter Schrei. Er will nicht mehr. *Soll ich denn ewig leiden? Ich winde mich als ein Wurm im Staube und flehe um Erlösung. Ja, Glück und Glas, wie bald bricht das? O, ich elender Mensch! ich werde wohl zerbrechen gleich einem Glas, doch wollte ich gerne, daß es bald möchte geschehen.* Im Morgengrauen des 24. Mai 1792 finden ihn Passanten tot auf einer Moskauer Straße. Wo genau, ist lange vergessen. Die Polizei wird den Leichnam in die Anatomie geschafft haben. Studenten dürfen an ihm üben. Die Überreste des Körpers werden verscharrt – an einem unbekannten Ort.

Den dahingeschiedenen Goethe wird man 40 Jahre später in einer fürstlichen Gruft zur ewigen Ruhe betten.

Im August 1792 meldet das *Intelligenzblatt der Jenaer Allgemeinen Zeitung* Lenzens einsamen Tod. Ausgeschlossen, daß dem Großdichter das elende Ende des von ihm Vertriebenen verborgen blieb. Doch keine menschliche Regung. Kein Brief, kein Tagebuch-Eintrag! Jean Pauls Charakterisierung ist von genialer Präzision: Goethe sei der *Montblanc unserer Literatur, denn keinen frostigern Gesellen gibt es auf Gottes Erdboden.* Sein Herz sei von einer *Eiskruste* umgeben, von einer Kälte, in der Deutschlands liebster Klassiker seine Feindbilder über Jahrzehnte hinweg einfrieren konnte.

Noch 1816, als *Dichtung und Wahrheit*, diese Schrift der späten Rache, entstand, war die Verachtung für Lenz taufrisch präsent. *Whimsical*, grillenhaft und intrigant, sei der ihm schon in Straßburg gekommen und dabei nicht mehr gewesen als *ein vorübergehender Meteor. Der zog nur augenblicklich über den Horizont der deutschen Literatur hin und verschwand plötzlich, ohne im Leben eine Spur zurückzulassen.* Damit war Lenz bis ins 20. Jahrhundert als Dichter erledigt – erst Brecht hat ihn als sehr modernen Dramatiker, als Vorläufer seines epischen Theaters neu entdeckt.

Goethes höchst ungerechtes Bild vom vorübergehenden Meteor ist aufschlußreich. Es zeigt, wie er die Menschen sah, die ihn umgaben. Sie waren nicht mehr als Gestirne seines Sonnensystems. Trabanten, von ihm erleuchtet; Asteroide, denen es beschieden war, die Achse G. eine Zeit zu umkreisen, um dann abgestoßen zu werden, zu verglühen, alsbald von neuen Umlaufkörpern ersetzt.

**Sie lassen einem spielen wie eine Flötenuhr, und wenn sie sich müde gehört haben, machen sie sich weg.**

*(Karl von Stein, Charlottes Sohn, am 20. Dezember 1800 über Goethe und Herzog Carl August)*

## III. Maximilian Klinger und Johann Heinrich Merck

Lenz war fort und Goethe zufrieden. Kaum ist der einstige Freund in die Flucht geschlagen, berichtet der 27jährige seiner strengen Charlotte von den jüngsten Lernerfolgen auf dem Wege zum Erwachsensein: daß er sich durchsetzen und *im Innersten … was aushalten kann*. Er hat Härte gezeigt. Er ist ein Siegertyp ohne falsche Sentimentalitäten! So wie mit Lenz, wird er künftig häufiger verfahren. Der war nur das erste Opfer seiner freimütig zur Charaktereigenschaft erhobenen *Art oder Unart, alles Vergangene eher zu vertilgen als zu bewahren*. So jedenfalls schrieb er in einem Brief von 1811, aus der Phase der ersten großen Lebensbilanz.

Den Adressaten dürfte das Geständnis kaum überrascht haben: Auch Friedrich Maximilian Klinger hat hautnah erfahren, was es heißt, von Goethe als lästig empfunden, abgeschoben, zum Vertilgen freigegeben zu werden. Auch er war einmal ein glühender Verehrer des jungen Genies. *Goethe! o wenn ich seiner wert würde!* Das schreibt er an Lenz, ein knappes Jahr vor der Katastrophe.

Grund zu danken hatte der Sohn einer armen Frankfurter Witwe in der Tat. Goethes Mutter Katharina Elisabeth war es, die dem kleinen Maximilian die ersten Märchen vorlas. Goethes Familie war es auch, die das Akademie-Studium von Wolfgangs Weggefährten mitfinanzierte. Der profitiert kräftig, verfaßt erste Dramen; eines heißt *Wirr-Warr* und wird zum poetischen Programm der aufbegehrenden Dichter des *Sturm und Drang*, jener kurzen, heftig wilden Epoche, die Goethe kurz *literarische Revolution* nannte und deren Kraft nicht zuletzt aus dem Glauben an die ewig währende Bruderschaft resultierte.

Herder, Lenz, Klinger, Goethe in der Mitten und Schiller am Rande: Sie begriffen sich als innig verschworene Gemeinschaft mit reichlich Rebellion im Sinn. So war es nicht zuletzt ein Beweis von freundschaftlicher Verbundenheit, daß sich auch Klinger alsbald nach Weimar aufmachte. Am Montag, dem 10. 6. 1776, schwelgt er, *kam ich hier an – lag an Goethes Hals und er umfaßte mich innig mit aller Liebe.* Doch die alten Bande sollten nicht lange bestehen. Als der große, schlanke Dichter, der viel Wert auf sein Äußeres legt, mit einer eigenen Karriere in Weimar zu liebäugeln beginnt und durchblicken läßt, daß er dem Heer des kleinen Herzogtums mit seinen gerade einmal 600 Soldaten gern als Offizier dienen würde, wird er brüsk in die Schranken verwiesen. Nicht vom Herzog, sondern von Goethe. *Klinger kann nicht mit mir wandeln, er drückt mich, ich hab's ihm gesagt.*

*Er drückt mich.* Er ist eine Last. Um auf dem eingeschlagenen Weg voranzukommen, muß er alle Verbindungen zu den Jugendsünden des *Sturm und Drang*, zum *Götz* und zum *Werther* kappen. Der *Tasso*, das Schauspiel über Genie und Macht, das Goethe über beinah zehn Jahre quälen sollte, wirft seine Schatten voraus. In der Gestalt des Tasso, der *Bein von meinem Bein und Fleisch von meinem Fleisch* ist, hat der Dichter in Staatsdiensten sein Credo formuliert, eine Ergebenheitsadresse an die Obrigkeit: *Doch glaube nicht, daß mir / Der Freiheit wilder Trieb den Busen blähe. / Der Mensch ist nicht geboren, frei zu sein, / Und für den Edlen ist kein schöner Glück, / Als einem Fürsten, den er ehrt, zu dienen.* Gigantische Verse! Klinger und Lenz indes haben nicht die von Goethe munter vorexerzierte Wendung genommen. Sie kommen ihm vor – Kurt R. Eissler hat in seiner psychoanalytischen Studie darauf verwiesen – wie Spiegelbilder, deren Anblick er nicht mehr erträgt. Die ihn plagen. Die verschwinden müssen. *Klinger ist wie ein Splitter im Fleisch, er schwürt und wird sich hinausschwüren leider.*

Nur wenige Tage später ist der Fall Klinger erledigt. Der Anlaß war nichtig. Eine *Eseley*, wie sie wenig später Lenz zum Verhängnis werden wird. Ein derber Spaß, der bei Hofe durchaus gang und gäbe war. Klinger hatte sich im herzoglichen Garten mit ein paar Freunden im Kunstschießen geübt. Wie üblich, so entnehmen wir Karl August Böttigers Auslassungen über das *Weimarische Geniewesen*, habe man in die Mitte der Zielscheibe das Porträt eines Zeitgenossen gesetzt. Klinger wählte ein Bild des Geheimrats, *wonach auch wirklich geschossen worden sei. Dieß habe ihm Göthe nie verzeihn können.*

Klinger muß Weimar umgehend verlassen. Auch über diesen Vorfall gibt es kaum Zeugnisse; am 7. Juli 1797 hat der Herr Minister, sonst ein schier zwanghafter Sammler, alle seit 1772 an ihn gesandten Briefe verbrannt. Das Autodafé als Variation der bewährten Auslöschungstechnik. Ein Freudenfeuer. Ein kleines Purgatorium. Im Tagebuch wird er die *schöne grüne Farbe der Flamme* vermerken, *wenn das Papier nahe am Drahtgitter brennt.*

Bezeichnend aber ist: Anders als Lenz trifft Goethes Bannstrahl Klinger nicht lebenslänglich. Denn der ist robuster. Der bringt es zu was. Der wird am russischen Zarenhof ein hochdekorierter Offizier. Und Goethe hat eine Schwäche für Orden. Als *Dichtung und Wahrheit* erscheint, bekommt Klinger ein Widmungs-Exemplar. Der Staatsmann aus Weimar beginnt gar, wenn auch unter Verwendung des förmlichen »Sie«, mit dem *verehrten Freund* aus St. Petersburg in Korrespondenz zu treten, kondoliert in einer seltenen menschlichen Regung (*mit der innigsten Theilnahme*) anläßlich des Todes von Klingers Sohn und läßt den vordem Verjagten 1818 wissen, was dieser schon ahnte: nämlich daß er, Goethe, sich *noch immer in demselben Ilmental hin- und herbewege, in welchem wir manchen guten Tag zusammen verlebten.*

Wie so ein wenig Blech an der Brust doch die Sicht der Dinge verändert. Der vom Rebellen zum Staatsdiener geläuterte Klinger mutiert zu Goethes Wahlverwandtem. *Auch Sie haben fest an ihrer Stelle gehalten und was Sie sich einmal zur Pflicht gemacht treulich durchgeführt... Wie wunderlich müssen uns beiden die neueren Tage vorkommen, wo die meisten nur zur Norm ihrer Pflicht Eigendünkel und Widerspenstigkeit gegen jede Art von Ordnung anerkennen.* Solch Spiegelbild läßt sich Weimars Minister gefallen.

Aber ein Offizier muß es, bittschön, schon sein. Johann Heinrich Merck indes, Goethes erster Gönner, hat es nur zum Kriegsrat bei Herzog Ludwig von Darmstadt gebracht. Nicht eben eine glanzvolle Karriere! Dabei hat er sich so oft nach ganz oben geträumt, doch gewiß nicht an einen Ort, *beklekt und beschissen mit Herrendienern und Hofleuten*. Merck – acht Jahre älter als der Genius, der ihn letztlich zur Strecke bringen sollte – war ein Mann der Musen, und erst dann ein Mann der Macht. Kein begnadeter Dichter, doch die Integrationsfigur eines *himmlischen Freundschaftszirkels*, deren Mitglieder die Schönheit der freien Natur besangen, dem Nacktbaden frönten und sich – in Verehrung für Rousseau – die Darmstädter Empfindsamen nannten. Er war Kenner der bildenden Künste, harscher Kritiker und Wohltäter zugleich, der nach Kräften Maler wie Poeten förderte. Und, was Goethe betraf, war er vor allem eines: ein großzügiger Mäzen.

Ohne Aussicht auf Gewinn hatte Merck 1772 Goethes Schrift *Von Deutscher Baukunst* verlegt, ein Jahr später den Druck des *Götz* finanziert; auch dies war, wie der das Papier beisteuernde Autor einräumt, ein Geschäft, das *die Suppen noch nicht fett gemacht.* Und als der Jungautor 1775 klammheimlich aus Frankfurt, dem *leidig Loch*, nach Weimar entschwindet, hat er ihm das Fahr- und Zehrgeld vorgeschossen. Noch 1782, als die Distanz schon groß geworden war, dient er ihm als diskreter Financier, der, wie vom ewig klammen Minister gewünscht, *die Sache still traktierte*, obwohl die Summen, die es aufzutreiben galt, bisweilen beträchtlich waren.

Mit manchem Werk, dem *Clavigo* etwa, ist der lange, hagere Mann hart ins Gericht gegangen; solch einen *Quark mußt Du mir künftig nicht mehr schreiben. Das können die anderen auch.* Aber in Goethe selber, verrät er seiner Frau, sei er *ernstlich verliebt. Dies ist ein Mensch, wie ich wenige für mein Herz gefunden habe.* Er sollte sich täuschen. Und hatte doch recht. Es gab wenige, die seine Güte so schäbig entlohnten wie Goethe. Der sah Merck, wie Siegfried Unseld aufgezeigt hat, nur ganz nüchtern als *den richtigen Förderer zur richtigen Zeit.* Und Dank war Goethes Sache nicht.

Wenn der dienstbare Geist aus Darmstadt den *Götz*, im Gegensatz zu Herder etwa, *verständig und wohlwollend* beurteilte, wenn er Manuskripte druckte und Dukaten verschickte, kurzum: wenn er des jungen Titanen Aufstieg selbstlos beförderte, wurde Goethe bei jedem Wiedersehen *vor Freude verrückt*. Dann wogten die großen Gefühle: *Wir bespiegeln uns ineinander, und lehnen uns aneinander, und teilen Freud und Leid auf dieser Lebensbahn.* Eine flauschige Liebeserklärung, beinah ein Eheversprechen. Doch es waren Worte eines Heiratsschwindlers. Goethe hat – schauen wir auf Lenz, schauen wir auf Klinger – seine Spiegelbilder nie lange ertragen. Wenn es ihm nützlich erschien, hat er sich anlehnen können, aber Freuden und Leiden des Lebens teilen, die Lasten eines anderen auch nur für Momente mittragen, das konnte, das wollte er nicht. Als Merck in Not geriet, waren die Beteuerungen der Freundschaft vergessen.

Was er wirklich dachte, hat Goethe 1829 seinem Eckermann in die Feder diktiert. *Nicht edel und positiv genug* sei der langjährige Gönner gewesen. Ein Kumpan mit charakterlichen Fehlern. Kurzum: ein Mensch. Keine Gesellschaft also für einen Erhabenen wie ihn. Ein Halbsatz genügt, und Merck ist abgestempelt für immer. Noch so ein Meteor, der nur vorüberzog am Goetheschen Himmel.

*Nicht edel und positiv genug*! Das Urteil verrät mehr über den Richter als über den Gerichteten. Mercks einzige Verfehlung: Er war, ganz ohne eigenes Zutun, gestrauchelt, zum Gespött geworden bei Hofe des hessischen Herzogs. Wer auf sich hielt, mied näheren Kontakt. Im Sommer 1773 hatte er – damals noch im niederen Rang eines Kriegszahlmeisters – seinen Fürsten nach St. Petersburg begleiten müssen. Frau Luise Merck war derweil mit den drei Kindern zu den Eltern an den Genfer See gereist. Endlich nach Hause. Wie überdrüssig ihr Darmstadt ist!

Noch auf der Reise trifft sie einen Patrizier aus Bern und beginnt eine Affäre, die – wie es im Jargon der Germanisten heißen wird – nicht ganz folgenlos bleibt.

Wie steht er jetzt da! Als Höfling mit Hörnern. Der werde doch bestenfalls von den Musen geküßt. Die Leute tuscheln. Darmstadt ist klein. Was aber tun? Eine Scheidung – damals kaum denkbar, und selbst wenn, was würde dann aus Adelheid, Emanuel und Franz, die der Stolz des Vaters waren? Merck zeigt Größe, einmal mehr. Andere hätten im Duell nach Satisfaktion verlangt. Er aber fährt in die Schweiz, holt die Familie zurück. An diesem Punkt versiegen die Quellen. Sicher ist nur, im Sommer 1774 kommt Luise Merck nieder. Geburtsdatum, Geschlecht und Name des Säuglings sind nicht rekonstruierbar. Das Kind wird weggegeben, in Frankfurt getauft. Wenige Wochen später ist es tot. Die angeordnete Gerichts-Untersuchung ergibt, daß weder Luise noch ihren Mann eine direkte Schuld an dem verdächtig frühen Kindstod trifft. Das Verfahren wird eingestellt, aber nun ist der Fall vollends publik, die Familie gesellschaftlich erledigt. Schlimm vor allem, resümiert Merck nobel, sei *die Situation meiner armen Frau*. Er will nur noch fort aus Darmstadt.

Goethe langweilte sich indessen als Winkeladvokat in seiner 30 Kilometer entfernten Heimatstadt, trieb Geld bei einem treulosen Archivar ein, führte Klage gegen zwei in eine Wirtshaus-Schlägerei verwickelte Bäckergesellen und erbrachte, nach zähem Ringen mit dem Gegenanwalt, den Nachweis, daß die Bürger aus Nieder-Erlenbach niemals verpflichtet waren, den Bewohnern von Dörchelweiler das Heu nach Frankfurt zu fahren. Es ist ausgeschlossen, daß er vom gerichtsnotorisch gewordenen

Skandal um seinen Verehrer und ersten Verleger, in dem er sich zu spiegeln doch vorgab, nichts wußte. Goethe selbst hat in *Dichtung und Wahrheit* ein denkwürdiges Treffen bezeugt.

22. Juni 1774. Die Ankunft des illegitimen Erdenbürgers steht unmittelbar bevor. Merck ist zu Besuch im Großen Hirschgraben und findet Goethe froher Dinge. Für diesen Nachmittag zumindest darf er wieder Dichter sein, der verhaßten Juristerei entkommen. Aus dem Manuskript des zweiten *Werther*-Teils will er lesen. Da wird jener Brief vom 15. November nicht fehlen, in dem Wilhelm, der verzweifelnde Held, mit der Vergangenheit hadert, die da *wie ein Blitz über dem finstern Abgrunde der Zukunft leuchtet, und alles um mich versinkt, und mit mir die Welt untergeht.* Merck hört artig zu; dann schweigt er, der sonst so schnelle, ungestüme Urteile zu formulieren versteht. Nur ein erbärmliches *Nun ja, es ist ganz hübsch.* Er stürzt aus dem Haus. Goethe bleibt verstört zurück, zweifelt an seinem Text, denkt, er habe sich *im Sujet, im Ton, im Stil vergriffen.*

Einige Wochen später, Mitte August, sehen sie sich in Frankfurt wieder. Zu dieser Zeit hat Merck seine Misere, etwa in einem Brief an Freund Höpfner, schon nach außen getragen. Kaum anzunehmen, daß er Goethe gegenüber schwieg, der Kontakt war eng zu dieser Zeit. Im September ist Goethe eine ganze Woche auf Gegenbesuch im Haus am Mathildenplatz. Spätestens da wird Merck auch ihm erklärt haben, daß er sich *in der schrecklichsten Lage befunden, in die ein Mensch geraten kann.* Nun weiß Goethe Bescheid. Doch von Seelendramen hat er seit der Werther-Zeit in Wetzlar genug. Er geht auf Distanz. Ein unaufhaltsamer Prozeß der Abwendung beginnt, der beschleunigt wird durch den Umstand, daß Merck ein Freund von Johann Georg Schlosser ist – *sie taten sich keinen Zwang an*, heißt es salomonisch in *Dichtung und Wahrheit*. Goethe aber haßt seinen Schwager, der die Schwester im November 1773 der brüderlichen Einflußnahme weitgehend entzogen hatte.

Kurzum: Der stets korrekt gekleidete Mann aus Darmstadt, in dessen Blick Goethe *etwas Tigerhaftes* auszumachen glaubt, weckt unbehagliche Assoziationen; ganz aber kann er ihn noch nicht fallen lassen, zumal sich Vater Johann Caspar immer wieder von seiner knauserigen Seite zeigt. Da ist die Wichtigkeit der Verbindung zu Merck, pekuniär gesehen, nicht zu unterschätzen. Noch braucht er ihn, am Ende aber wird der böse Satz vom mangelnden Edelmut stehen.

Wenige Tage, bevor Goethe Ende Oktober 1775 für den Rest seines Lebens nach Weimar aufbricht, schickt er Merck einen Brief, in dem er in bewährter Manier und ohne nähere Begründung zehn Karolin Bargeld erbittet (*Ich bedarf ihrer und so weiter*), was ihn freilich nicht daran hindert, den Angepumpten sogleich darauf hinzuweisen, daß die Tage der Gemeinsamkeit vergangen sind … *Leb indess wohl Alter und behelf dich im Leben.* Klartext gesprochen: Sieh zu, wo Du bleibst. Auf mich kannst Du forthin nicht bauen. *Grüs Frau und Kinder*, vor allem aber schick mir das Geld!

Manchmal, wenn er kleiner Handreichungen bedarf, *ein Stück hübschen Tischwein* begehrt, einen guten Sechziger, den es in Weimar nicht gibt, dann wird sich Goethe des nutzbaren Gefährten erinnern. Aber sehen will er ihn eigentlich nicht. *Dein Schicksal drückt mich, da ich so rein glücklich bin* – das ist keine Mitleidsbezeigung, das ist eine

Geste der inneren Abwehr. Was ihn belastet, muß aus dem Blickfeld! Merck hat die Botschaft unschwer dechiffrieren können. Es war die altbekannte Litanei. *Klinger kann nicht mit mir wandeln, er drückt mich* – das hatte Goethe ein knappes halbes Jahr zuvor nicht an irgendjemanden, sondern just an den abgelegten Freund aus Darmstadt geschrieben.

Im Herbst 1777 wagt Merck sich dennoch gen Goethe. Der hat ihm ein Treffen vorgeschlagen, gewissermaßen auf neutralem Terrain, auf der historischen Wartburg. Auf dem Land, fernab vom Hof, muß er sich seiner nicht schämen. Zurück zur Natur! Da ist er als Begleiter willkommen. Sie gehen auf die Pirsch, spazieren durchs Helltal. Und beim Zeichnen, des Ministers stiller Passion, kann er von Merck einiges lernen. Was die beiden genau gesprochen haben, wissen wir nicht, nur daß der Wanderfreund, der bei aller Generosität gallig werden konnte, dem Höfling aus Weimar die Laune gründlich verdarb. Mag sein, er hat den fürstlichen Beamten auch nur ans Dichten erinnert. Der jedenfalls ist verstimmt und konstatiert am 27. September im Tagebuch *Unbehaglichkeit und Ärger, vermehrt und gereizt durch Mercks Gegenwart.*

Allein die Tatsache, daß er anwesend ist, scheint Goethe in Rage zu versetzen. Gottlob, daß wenigstens der Herzog, der vorbeischaut, dem Gast gewogen ist. Die beiden kennen sich seit Jahren, zählte der hessische Kriegsrat doch zu den ganz wenigen Vertrauten, als Carl August vor Jahren seine standesgemäßen Gefühle für die Darmstädter Prinzessin Louise entdeckte. Ihr übrigens hatte Mercks Frau einst als Gesellschafterin gedient. Ein loser Kontakt war geblieben, auch das Ehedrama durchaus zum Thema geworden, wie sich aus einem besorgten Billett der schon bald der Weimarer Hoheit angetrauten Prinzessin ergibt. Doch das Fürstenpaar vermochte sich nicht zu echauffieren. Ihnen war die Familie willkommen.

Die Visite in Thüringen führt Merck vor Augen: Allenfalls Carl August wird ihm helfen können, der trostlosen Lage in Darmstadt, dem *abscheulichen Ton* dort, zu entkommen. Auf Goethe, für den er soviel tat, darf er nicht zählen. Ein Brief, wenige Wochen nach der Rückkehr geschrieben, offenbart die Eindrücke, die ihm von der Woche rund um Luthers einstiges Refugium geblieben sind. *Das Beste von allem ist der Herzog... Ich würde aus Liebe zu ihm eben das thun, was Goethe macht.* Gewiß, er denkt im Konjunktiv. Aber er scheint, des Geheimrats Unwillen zum Trotz, fest entschlossen, den Schnitt mit der traumatischen Vergangenheit zu wagen und, von den Seinen begleitet, ein neues Glück im Herzogtum Sachsen-Weimar-Eisenach zu suchen.

Doch Goethe hatte anderes im Sinn. Der besann sich der alten Pennäler-Tugenden: Augen auskratzen, Ohren abreißen, erwürgen... Er, der um die Nöte Mercks aus nächster Nähe wußte, er, der Mercks kleinere und größere Gefälligkeiten so selbstverständlich einstrich (zuletzt ein Darlehen von immerhin 800 Gulden), er, der von Merck immer nur nahm, aber niemals zurückgab: ausgerechnet er hintertreibt die Pläne des Herzogs, Merck ein neues Amt, ein neues Zuhause zu schaffen. Er kennt keine Scham. In *Dichtung und Wahrheit* wird er Merck später einen mephistophelischen Charakter bescheinigen. Der Teufel aber ist er, dem es Vergnügen macht, mit den Hoffnungen des Verzweifelten auch noch zu spielen. Er zeigt dem Ertrinkenden den Rettungsring: Schau nur her, mein Lieber, Du müßtest nicht absaufen, wenn ich nur wollte...

Am 11. Januar 1778 jedenfalls schickt Goethe einen Brief an den *lieben Bruder* nach Darmstadt, der zum Widerwärtigsten gehört, was er in seinem langen Leben verfaßt hat. Er wird in keiner der großen Goethe-Biographien der Gegenwart auch nur erwähnt – weder von Friedenthal noch von Conrady oder Boyle – und fehlt bezeichnenderweise selbst in Karl Robert Mandelkows sonst so verläßlicher Briefauswahl der Hamburger Ausgabe. Goethe bedankt sich für die pünktlich zugesandten Kupferplatten. Dann kommt er zur Sache: *Der Herzog hatte etliche Mal große Lust, dich als Cammerrat nach Eisenach zu haben, aber ich sagte ihm, alte Bäume verpflanzten sich nicht gut. Leb wohl.* Was – bittschön – hat er Goethe angetan, daß der ihn nun sadistisch quält? Wie wird es ihm ergangen sein, als er das Kouvert öffnete mit dem aberwitzigen Gleichnis vom alten Baum? Merck ist gerade einmal 37! Hat er geweint? Hat er den Schreiber wenigstens in ein Faustsches Höllenfeuer gewünscht?

Goethe werden die Folgen wenig gekümmert haben. *Betrübe Dich nicht über das was außer Dir vorgeht.* Das war eine seiner liebsten Maximen. Für ihn zählte nur der geliebte Friede der eigenen Seele: Die Nähe einer konfliktbeladenen Familie könnte das empfindsame Ego drücken, Erinnerungen an eine eigene Jugendsünde wachrufen, an die der Geheime Rat nicht gerne zurückdachte. Goethe hatte in seiner Frankfurter Zeit ein leidenschaftliches Plädoyer für die Ehe zu dritt geschrieben, *Stella*, ein ungewöhnlich freizügiges Schauspiel für Liebende: *Selig ein Wohnung. Ein Bett und Ein Grab.* Bei der Uraufführung, 1776 in Hamburg, war es zum Skandal gekommen. Lessings liebster Gegenspieler, der prüde Hauptpastor Johann Melchior Goeze, sah gar die hanseatische Moral erschüttert. Der Autor habe *Meineidige, Hurer und Ehebrecher* in den Heldenstand erhoben. *Stella* wird in Hamburg und bald darauf auch in Berlin per Polizeidekret verboten.

Mittlerweile ist der einstige Aufrührer leibhaftiger Garant staatlicher Ordnung und in seinem Amt, wie zu zeigen sein wird, ein Befürworter rigider Zensur. Man darf annehmen, Goethe selbst hätte die Unterdrückung eines Dramas wie *Stella* tatkräftig befördert. 1803 wird er sein Lustspiel umarbeiten, mit einem tragischen Schluß bis zur Unkenntlichkeit entschärfen. Was nicht mehr paßt, wird ausgelöscht. Das alte Lebensprinzip! Dem fällt jetzt auch Merck zum Opfer. Der Mann berührt die Sphären des Verdrängten, er bereitet Unwohlsein. *Dein Geist verunreint dieses Paradies, / Und deine Worte diesen Saal.* Er hat so ein Tasso-Gefühl, und das ist Rechtfertigung genug, um – wie im Falle Lenz – einer Existenz die Zukunft zu rauben. Und wie der verjagte Dichter, so wird auch der Mann aus Darmstadt keine Gegenwehr leisten. Er wird sich in das von Goethe verordnete Schicksal fügen. Er resigniert. Er fürchtet, sein *Leben soll sich noch mit Mistfahren beschließen*.

Der große Katzenjammer! Merck ist zu schwach, um den Bruch auch seinerseits zu vollziehen. Er träumt noch immer von Weimar. Im Sommer 1778 hat er Herzogin Anna Amalia, der kunstsinnigen Mutter Carl Augusts, auf einer Rheinreise Gesellschaft geleistet; am Musenhof, so kolportiert Wieland, sprießen wilde Gerüchte, *die Herzogin würde einen neuen, schönen Geist, den sie unterwegs aufgegabelt hätte, mitbringen, der sich Marcks nennte und (in Gemäßheit eines so kräftigen Namens) gar ein gewaltiger Kerl wäre*. Wieland, der Dichter mit einer Vorliebe für wilde Streiche und frivole Szenen, im Gegensatz zu Goethe ein zeitlebens unangepaßter Geist, freut sich auf ein munteres Treiben, *wenn alle die Marksen, alte und neue, sich miteinander herumbissen.*

Das würde ein Schaukampf werden. Goethe gegen Merck, um die Gunst bei Hofe streitend… und Wieland in der Mitten. Am liebsten möchte er Wetten annehmen, *ob der neue Marksbein über den, der nun bald 3 Jahre in Posession ist, den Sieg davontragen, oder ob dieser in der Posession maintenieren und jenen wieder wegbeissen würde.* Des Herzogs Protegé hat wenig Lust auf solche Späße. Ihn muß die Aussicht geschaudert haben, der abgelaufen geglaubten Geniezeit drohe die Verlängerung. Am schlimmsten: Merck, der Ruhestörer, will noch im Spätherbst anreisen. Goethe winkt ab. Beißt ihn weg, bevor das Spiel begonnen hat. Im nächsten Frühjahr vielleicht sei ein kurzer Besuch in Weimar willkommen. Wie gerne wäre er ihn für immer los, aber bislang hat sich kein zweiter Bargeldbeschaffer von ähnlicher Verläßlichkeit gefunden.

Doch oft werden die beiden einander nicht mehr begegnen. Am 30. Mai 1779 freilich wird Merck in Eisenach empfangen. Goethe reitet ihm entgegen. Es gibt einiges zu bereden. Ob nun die leidigen Finanzen zur Sprache kommen, ob er Grüße aus Frankfurt mitbringt oder sie sich einfach nur gemeinsamer Jugendtage erinnern… sie haben jedenfalls *viel geschwäzzt.* Goethes Tagebucheintrag ist knapp und vage. Tags darauf geht es nach Ettersburg. Im kleinen Landschloß dort wird der Minister seinen Besuch für die nächsten sechs Wochen abstellen, in sicherer Entfernung zum Hof. Immerhin eine Wegstunde ist es bis Weimar, wo er den Gast nicht haben will und wohin sich der Meister am Abend verabschiedet. Der Besucher ist ohnedies kaum gesellschaftsfähig. Er hat nur einen Frack im Gepäck.

Merck interessiert ihn nicht, aber der interessiert sich noch immer für ihn – und das gefällt Goethe. Weimar ist auch ein Ort der Einsamkeit. Mit wem soll er reden? Wer hört ihm zu, wer gibt ihm Contra? *O, ich bin ein gesprächiger Mensch, wenn ich allein bin.* Viel Anregung hat er nicht, aller Bälle, Redouten und fürstlichen Diners zum Trotz. Merck aber wird ihm die Meinung gesagt haben, als er – bei einem der wenigen Ausflüge, die er nach Weimar unternehmen durfte – den Alltag des Höflings erlebte. Ein Ausspruch ist verläßlich überliefert: *Was Teufel fällt dem Wolfgang ein, hier in Weimar am Hofe herumzuschranzen und zu scherwenzen, Andere zu hudeln oder, was mir eins ist, sich von ihnen hudeln zu lassen. Gibt es denn nichts Besseres für ihn zu tun?*

Am Tag, als der Kritiker, den er längst aus seinem Kosmos verstoßen hat, die Heimreise antritt, beschleichen Goethe ungewohnte Emotionen. Merck, orakelt er ins Diarium, sei der *einzige Mensch, der ganz erkennt was ich tu und wie ich's thu, und es doch wieder anders sieht wie ich, von einem andern Standort, so gibt das schönste Gewissheit.* Ein Dokument der Freundschaft ist dieser Eintrag vom 13. Juli 1779 nicht. Aber einmal mehr war der Kriegsrat überaus nützlich gewesen, als erkennender Interpret, vor allem aber als hilfreicher Antipode. Merck hat seinem Gastgeber – auch das wird notiert – wie einst in den empfindsamen Darmstädter Tagen, einen *wundersaamen Spiegel* vorgehalten – den Narrenspiegel!

Das Tagebuch indes läßt keinerlei Zweifel: Der Mann gehört nicht zu den Seinen. Der sieht die Dinge anders.

Der ist außen vor. So gradlinig nah am Abgrund, aber auch so selbstlos human kann Goethe nicht leben. Indem er sich abgrenzt, einen Graben aushebt zwischen sich und ihm, gewinnt er Distanz, verschafft sich Klarheit, sieht die Richtigkeit des eigenen, gänzlich anderen, *incommensurablen* Weges bestätigt. Eben das ist die *schönste Gewissheit*, die ihm die Gespräche der vergangenen Wochen brachten. Und jetzt ist Merck nicht länger von Nöten. Der Merck hat seine Schuldigkeit getan. Der Merck kann gehen.

Wie groß, wie weit weg der schon war, den er einst als Schriftsteller entdeckte, mit welcher Konsequenz der sein Entrücktsein zelebrierte, hat Merck sehr genau registriert, in Ettersburg *keinen einzigen reinen Ton zwischen mir und ihm* ausmachen können. Goethe sei ihm *oft mit einer Trockenheit und Kälte begegnet, als ob aus seinem alten Freunde ein subalterner Diener und ein Supplicant geworden wäre.* Allein: Merck fand sich einmal mehr mit der Rolle ab, die ihm der Herr in Weimar beschied. Der hat ihn sich über die Jahre klein und gefügig gemacht. Der Kriegsrat besorgt weiterhin Gelder, bereitet dem Herzog und seinem dichtenden Minister im Herbst 1779 Quartier auf ihrer Durchreise in die Schweiz. Daß Goethe ihm einmal versprochen hat, er dürfe die Männertour mitmachen, ist lange vergesssen.

Goethe will die Nähe Carl Augusts mit niemandem teilen. Vier Monate allein mit dem Herzog, begleitet nur von einem kleinen Gefolge: ein Ausflug in lichte Höhen. Ein Gipfeltreffen in mehrfacher Hinsicht. Der Gotthard, der Tschingel-Gletscher, der Vaulion und der Dole geben *der Seele die schöne Ruhe*, er führt seinen Fürsten beim alten Lavater ein, Carl August revanchiert sich und sorgt dafür, daß sein Minister in Stuttgart am Hofe Carl Eugens von Württemberg als Ehrengast empfangen wird. Diese Tour hat ihn noch höfischer gemacht als zuvor – wie sich Jahre später auch Karl August Böttiger erinnern wird. *Nach der Rückkunft von dieser Expedition war Göthe ganz metamorphosirt, erschien in gestickten Westen und Staatskleidern und stimmte einen ganz anderen Ton an.*

Auf Merck hingegen wartet Serviles: Der Kunstkenner sucht im Auftrag Carl Augusts nach wertvollen Blättern für Goethes Domizil, in dem er nicht mehr gelitten ist. Und als der ferne Dichter seine Passion für das Studium der Knochen entdeckt, fertigt Merck, der selbst eine ehrgeizige osteologische Publikation plant, höchst sorgfältige Zeichnungen (*will ich alle mit dir theilen*) vom Skelett eines asiatischen Rhinoceros; auch Elefantenschädel aus Heilbronn und Worms werden willig vermessen, die Befunde in einem langen Begleitbrief penibel ausgewertet. Goethe hat die Materialien nutzbringend für seine Abhandlung über den Zwischenkiefer-Knochen verwandt, ohne freilich den Mitstreiter auch nur mit einer Zeile zu erwähnen. Den nimmt er nicht mehr ernst, der hat doch einen Sparren im Gebälk: *grillenhafte Züge*!

Wieviel Erniedrigung erträgt ein Leben? Kann Merck die eingesteckten Schläge noch zählen?

*Für mich bleibt nichts übrig als ein Abgrund von Elend, der nur mit meinem Leben für mich sich endigen kann, und für die Meinige noch auf Jahre fortdauert.* Als er diese Zeilen an Goethe schreibt, ist er gerade einmal 46. Wohin er auch schaut: Trümmer! Nicht für alle, es sei gesagt, war Goethe verantwortlich. Da ist die Ehe, die Erinnerung an die vier toten Kinder, zuletzt starb der sechsjährige Karl Anton. Da ist der verhaßte Hof zu Darmstadt. Und da ist jetzt auch noch die verfluchte Baumwoll-Manufaktur. Im Frühjahr 1787 hatte Merck nach Schweizer Vorbild eine Textilfabrik für Invaliden und Waisen eingerichtet. Eine vorrangig humanitäre Unternehmung. Wenn man so will: Hessens erste Behindertenwerkstatt. Merck investiert sein ganzes Privatvermögen – nach gut einem Jahr ist er bankrott.

Aber Goethe wird helfen! Denkt er. Der gute Merck hat nichts dazugelernt. Am 3. August 1788 schreibt er einen erschütternden Brief an den allmächtigen Dichter, den er auf einmal zu siezen beginnt: *Einer der unglücklichsten Menschen, der Ihnen ehedem werth war, rufft Ihre Hülfe in der drückendsten Lage an.* Er, der dem bewunderten Talent über Jahre hinweg ausgeholfen hat, bittet nun, einige tausend Taler *einstweilen vorzuleihen*. Ein Schuldschein würde auch genügen. Aber Unterstützung braucht er. Dringend. *Ich kann nichts weiter für mich anführen als die dringende Noth meiner armen Familie und daß ich als ein Mensch menschliches Mitleid verdiene.*

Edel sei der Mensch, hilfreich und gut... Goethe aber hat nicht einmal geantwortet. Kein einziger Taler, kein Wort der Anteilnahme, des Trostes. Für Merck hat er bestenfalls Hohn. Dessen Artikulationsversuche in den letzten Lebensjahren, wird er Eckermann sagen, hätten *dem Bellen eines Hundes* geglichen. Und wie hat er just diese Tiere verabscheut! *Manche Töne sind mir Verdruß, doch bleibet am meisten / Hundegebell mir verhaßt; kläffend zerreißt es mein Ohr.*

Goethe will nichts mehr hören. Mercks Klageschreiben wird auf dem Dienstweg an den Herzog weitergereicht. Soll der sich um den lästigen Casus kümmern! Und Carl August zeigt Erbarmen – und bürgt mit einem Kapital von

4000 Talern. Doch als die Dokumente beim Frankfurter Bankier Willemer eintreffen, hat Darmstadts Erbprinz dem verdienten Untertan seine Schulden bereits erlassen. Merck wird in Weimar keine Mühen mehr machen. Dennoch quält ihn die Angelegenheit weiter. Wie tief ist er gefallen! Er will sich bedanken. Ein letztes Mal schreibt er an Goethe, dessen strahlende Existenz ihn nur noch blendet. *Gott erhalte Sie, theuerster Mann, in dem höchsten Gipfel des Glücks.* An den Herzog traut er sich nicht mehr zu wenden. Nicht ein elender Köter wie er. *Für mich ist keine Freude mehr auf dieser Welt, und Jammer ohn Ende auszutrinken ein vollgerütteltes Maß. Was alle Bemühungen meiner Freunde, mich aufrecht zu erhalten, wirken werden, muß die Zeit lehren.*

Jetzt, da keine Kosten zu befürchten sind, reagiert Goethe augenblicklich. Er zeigt, daß er sehr eigene Methoden hat, den Kranken in die erwünschte Stabillage zu bringen. Keine zehn Zeilen lang ist der emotionslose Schriftsatz vom 10. November 1788. Mit seinen Klagen, heißt es, dürfe er sich getrost weiter an ihn wenden, *wenn du gleich im Einzelnen selbst wirst arbeiten müssen.* Er soll sich gefälligst selber helfen!

Dann folgt der infame Schlußsatz, in dem Goethe klarstellt, daß ihn das Schicksal des Menschleins Merck nicht im geringsten berührt. Er denkt nur noch an sich. *Lebe wohl, ich bin zufrieden und vergnügt.* Ein allerletzter Fußtritt.

Dann endlich ist Schweigen.

**Dir ward ein hoher Geist, hast du je die Niedrigkeit beschämt?**
**Der Himmel gab dir eine Feuerzunge, hast du je das Recht verteidigt?**
**Du hattest ein gutes Schwert, aber du warst nur immer dein eigner Wächter.**

*(Ludwig Börne in seinem Tagebuch, 20. Mai 1830)*

## IV. Cornelia, Gretchen und eine leibhaftige Kindsmörderin

Am frühen Morgen des 27. Juni 1791, einem Montag, reitet der Kriegsrat Johann Heinrich Merck von seinem Haus in Arheilgen nach Darmstadt, nimmt den angestammten Platz am Schreibtisch ein und gibt sich die Kugel. Drei Tage später stellt Doktor Reulings grausig detailgenauer Obduktionsbericht fest, *daß sich der Verstorbene dieße durchaus tödtliche und unheilbare Schuswunde in einem heftigen Anfall der Melancholie zugefüget habe.*

In Weimar blüht derweil fröhliche Wissenschaft. Goethe analysiert gerade die Farben eines künstlichen Regenbogens. Über den Toten kein Wort. Nicht an die Witwe. Nicht an die drei Kinder, die nun Waisen sind, Carl Rudolph ist gerade einmal fünf. Für die Tragödie hat er nicht einmal Platz im Tagebuch. Mercks Freunde, Klinger zum Beispiel, konnte die Teilnahmslosigkeit des Großdichters wenig erstaunen. *Von Goethe ist wohl nichts anderes zu erwarten. Er setzt Größe in Kälte* ... und gegen *das schöne Kräutlein Mitleiden*, das er noch in der ersten Fassung des *Götz* empfahl, hat er längst ein Gegengift gefunden. Er kennt kein Erbarmen, er demonstriert Erbärmlichkeit. Was schert ihn ein Menschenleben! Ihn, der es als sein größtes Glück empfand, sich tief im Innern von der Welt der Normalsterblichen abzukapseln und *die absolute Einsamkeit zu statuiren.*

In einem nächtlichen Billett vom 15. September 1777

erzählt er seiner Charlotte, die er sein *Gold* nennt, von einem munteren Vogelschießen, das freilich *dumm geendigt. Ohngefähr auf den funfzigsten Schuss lag ein Bursche, von den Zuschauern, auf der Erde, so todt als ie einer.* Hei, war das putzig! Jedenfalls kein Grund, zu trauern oder – als hochdotierter Minister – gar über mögliche Lehren der verunglückten Diplomatenjagd nachzudenken. Punkt. Absatz. Schnell zur nächsten Nummer. Da gab es noch eine Gesellschaft munterer *Misels*, junger Fräuleins also, die ihn schon am nächsten Morgen umgarnten.

Sensible Deuter haben ihre Erklärungen: Wer ihm auch immer gestorben sei, stets habe der feinfühlige Dichter schweigend all seinen Schmerz in sich hineingefressen, jedes Gespräch vermieden aus berechtigter Sorge, schon ein Sterbenswörtchen könne ihn bis aufs Mark erschüttern. Am Ende gar am Schaffen hindern. Das über weite Strecken formidable Goethe-Handbuch aus dem Metzler-Verlag spricht von *affektiver Abwehr des Todesgedankens.* Psycho-Experten indes halten dem Genie eine *Todesneurose* zugute. Ob es erlaubt ist, des Meisters zur Schau gestelltes Desinteresse an den letzten Dingen eine Nummer kleiner zu fassen? Schlicht als Gleichgültigkeit. Als Apoplexie humaner Regungen, auf die auch ein Brief hindeutet, den Goethe unter dem unmittelbaren Eindruck der Nachricht vom Tode Lessings an Charlotte von Stein geschrieben hat. *Wir verlieren viel viel an ihm, mehr als wir glauben. Adieu beste. Heut ist Conseil, ich will zu Hause essen und sie nach der Comödie sehn.* Business as usual. Seht weg, ein Mensch!

Als kleiner Junge hat ihn nicht einmal der Tod seiner Geschwister berührt. Eins nach dem anderen *verschwand.* Wie ein unbeteiligter Chronist wird er sich im ersten Buch von *Dichtung und Wahrheit* der drei Kinder erinnern, die er in den ersten zwölf Lebensjahren daheim hat sterben sehen. Wenn die Leichenwäscher wieder einmal in den Großen Hirschgraben kamen, dann verursachte das allenfalls *unangenehme Störungen*, weil sich des Vaters Strenge fortan auf einen Sprößling weniger verteilte. Nicht die kleinen Toten vermag er zu beklagen, sondern einzig die *lästigen Folgen*, die sich für ihn aus dem geschwisterlichen Hinscheiden ergaben. Als der sechsjährige Jakob im Januar 1759 den wochenlangen Kampf gegen die Ruhr verlor, hat der Erstgeborene – wie sich die Mutter erinnern wird – keine Träne vergossen. Ob er den Bruder nicht lieb gehabt habe? Wolfgang stürmt in sein Zimmer. Unter dem Bett sind Berge von Papier gehortet. *Lauter Lektionen und Geschichtchen. Dies alles habe er gemacht, um es dem Bruder zu lehren.* Undankbarer Jakob! Er hat sich dem brüderlichen Diktat entzogen. Suchte nach dem eignen Weg. Nun ist er tot. Das hat er davon!

Schon der Zehnjährige trauert nicht. Er kanzelt ab und möchte strafen. Wen er zu lieben meint, den wird er triezen. Cornelia, die einzige Schwester, die ihre Kindheit überlebte, wußte ein Lied zu singen davon. Sie waren sehr eng miteinander, der Bruder fühlte sich angezogen von ihr wie von einem *Magneten*. Sie habe ihre Mühen, so wird er sich erinnern, nur auf ihn fixiert. *Ihre Sorge für meine Pflege und Unterhaltung verschlang alle ihre Zeit.* Unerwähnt bleibt: Er hat sie ihr Leben lang gestaucht und gepreßt, damit sie niemals vergesse, wer ihr Herr und Meister sei. Wenn Goethe schreibt, *daß Bruder und Schwester sich fest aneinander schlossen*, dann ist das nur die eine, seine Wahrheit. Die andere lautet: Mit jeder Umarmung hat er ihr die Luft zum Atmen genommen; diese

Nähe, die Goethe ein *inniges Verhältnis* nennt, basierte auf Pression und Furcht.

*Allein ich muss dich auch lesen lernen*, hat sie der 16jährige Studiosus aus Leipzig in einer vorweihnachtlichen Philippika beschieden und sogleich die eherne Grundregel seiner Pädagogik mitgeteilt: *Du sollst keinen Romanen mehr lesen, als die ich erlaube.* Und ein andermal: *Ferner verlange ich, daß du dich im Tanzen perfecktionierst, die gewöhnlichsten Kartenspiele lernst, und den Putz mit Geschmack wohl verstehest.* Gerade einmal 15 Monate trennen Johann Wolfgang von der kleinen, kleingehaltenen Schwester. Indem er sein Licht über den Scheffel stellt, schafft er einmal mehr Distanz. Sie solle ja begreifen, läßt er Cornelia wissen, daß er eigentlich Größeres zu erledigen habe, als an einen Backfisch in Frankfurt zu schreiben. *Sey stoltz darauf Schwester, daß ich dir ein Stück der Zeit schencke die ich so nothwendig brauche.* Warum eigentlich schreibt er ihr? Altruismus war nie seine Sache.

Einschüchterungsmanöver wie dieses hatten Methode, wie Jahre später ein Mann mit Bitternis erkennen wird, den Bataillone beflissener Gymnasialpädagogen noch heute als geistigen Komplizen Goethes verleumden: Friedrich Schiller. Der allerdings wußte, mit wem er es zu tun hatte. Goethe, so klagte er am 2. Februar 1789 Johann Gottfried Körner, *macht seine Existenz wohltätig kund, aber nur wie ein Gott, ohne sich selbst zu geben – dies scheint mir eine konsequente und planmäßige Handlungsart, die ganz auf den höchsten Genuß der Eigenliebe kalkuliert ist … Ich betrachte ihn wie eine stolze Prüde, der man ein Kind machen muß, um sie vor der Welt zu demütigen.*

Cornelia hätte das vernichtende Urteil verstanden. Sie

hat des Bruders Eigenliebe als erste zu spüren bekommen. Wie viel hat er ihr abverlangt, und wie wenig hat er zurückgegeben, schon damals aus der Leipziger Ferne. *Ihr sollt mich auch lieb haben, und alle Tage wünschen: o wäre er bald bei uns.* Er benimmt sich wie ein Gott. Jeder Satz birgt ein Gebot. Goethe verlangt Unterwerfung. Die Aufgabe von eigenständigem Leben. Ein hoher Preis für ein bißchen Beachtung. Drunter macht er's nicht. *Neige Dich für diese Ehre die ich dir anthue, tief, noch tiefer, ich sehe gern wenn du artig bist, noch ein wenig! Genug!* In dem Brief vom 6. Dezember 1765 spricht ein junger deutscher Herrenmensch.

Das *erz närrische Schwestergen* wird sich den brüderlichen Beugungsübungen erst entziehen können, als sie sich im November 1773 kraft der Ehe mit Johann Georg Schlosser in eine neue Abhängigkeit begibt. Sie hat keine vier Jahre mehr zu leben. Und die Zeit, die ihr bis zum Tode bleibt, ist elend. Seit der schweren Geburt – die Tochter Maria Anna Louisa war im Herbst 1774 zur Welt gekommen – hat sie das Bett oft über Wochen kaum verlassen, ist außerstande, *sich selbst nur einen Strumpf anzuziehen.* Zu den Leiden des Körpers, der, so schreibt sie, *nirgend hin als ins Grab taugt*, kommt *eine Art von Melancolie die eine natürliche Folge davon ist.* Von Bruder Wolfgang kann sie keine Aufmunterung erwarten. Er, der so gerne reiste, hat sie nur ein einziges Mal in Emmendingen besucht. Die besagten Pfingsttage im Mai 1775. Schon das kostete Überwindung. Einer *wahrhaften Prüfung* wird er sich im 18. Buch seiner Autobiographie erinnern. Wir wissen, er ist nicht allein gekommen. Nur keine gefährliche Vertraulichkeit! Der Sekundant, den er sich mitbrachte, hieß Jakob Michael Reinhold Lenz.

Nein, das war keine Krankenvisite, kein Akt des Erbarmens. Die Unternehmung Emmendingen – auf Sigrid Damms klugen Versuch über Cornelia sei ausdrücklich verwiesen – hatte nur das eine Ziel: Schuld abzuwälzen. *Der Bruder kommt, um sich zu bestätigen, der Heiratsentschluß der Schwester war falsch, ihr Ausbruch aus der geschwisterlichen Gemeinschaft Verrat.* Und dann reist er ab in die Schweiz. Auf Nimmerwiedersehen, Du *geliebtes, unbegreifliches Wesen*! Schon ruft der Herzog zu Weimar. Die Briefe werden seltener.

Ein halbes Jahr später ist vollwertiger Ersatz gefunden. Was Cornelia war, heißt nun Charlotte. Frau von Stein, der neue tugendhafte Engel! Unberührbar wie die leibhaftige Schwester. Jetzt ist sie die *Einzige, die ich so lieben kann, ohne dass mich's plagt.* Goethe selbst erkennt die Parallelen. Die abgründige Geschwisterliebe gilt nun der Frau mit dem fahlen Gesicht, den schwarzen Haaren, den roten Wangen. Beklagenswerte Cornelia! *O hätte meine Schwester einen Bruder irgend wie ich an dir eine Schwester habe*, heißt es in einem spätnächtlichen Zettelgen an Charlotte. Auch im Umgang mit ihr schmerzt ihn – vorerst zumindest – *der Gedancke, dich nicht zu besitzen.* Nachdem er am 23. Mai 1776 wieder einmal mit dem *süsen Herz* in der Teichgasse soupiert hat, wird er sein Verhältnis zur Oberstallmeisterin charakterisieren als *das reinste, schönste, wahrste, das ich ausser zu meiner Schwester ie zu einem Weibe gehabt*. Eben!

Und doch sind die Rollen vertauscht. Jetzt wird Goethe erzogen, gescholten und getadelt, zur *Mäßigung des heißen Bluts* ermahnt. Mit Kommandos kann er ihr nicht kommen, schon gar nicht in Weimars Ständegesellschaft. Er ist Bürgersohn, sie Baronin von altem Adel – und zudem fast sieben Jahre älter. Anfänglich darf er sie, von seltenen Ausnahmen abgesehen, nicht einmal duzen. Aber ein wenig Verantwortung bei ihr abladen, das darf er schon, der Herr Minister. Soll die Freundin sich also um die moribunde Schwester kümmern. Mitte Mai hat Cornelia – nicht zum ersten Mal – dem Bruder ihr Leid geklagt. Wieder so ein Schriftstück, das die Seele drückt!

Er müßte antworten. Aber er will nicht. Lieber gibt er Charlotte eine jämmerlich larmoyante Privatvorstellung. *Hier einen Brief von meiner Schwester. Sie fühlen wie er mir das Herz zerreisst. Ich bitte Sie flehentlich, nehmen Sie sich ihrer an, schreiben sie ihr einmal, peinigen Sie mich, daß ich ihr was schicke.* Sie hat ihn nicht gepeinigt, doch ganz schnell einige aufmunternde Zeilen an die ihr unbekannte Frau aus Emmendingen expediert. Cornelia bedankt sich von Herzen. Einen kleinen, sommerlich-freundlichen Wink wird sie sich freilich nicht verkneifen. Die vornehme Dame, die so viel Wert auf gutes Benehmen legt, sie soll wissen: Eigentlich ist er noch besetzt, der Platz, den sie nun einnimmt. *Meines Bruders Garten hätt ich wohl mögen blühen sehn.*

Aber Cornelia hat ihre Lektion behalten: Sie fällt dem einstigen Gebieter nicht zur Last. Artig schreibt sie an seine Stellvertreterin und formuliert ihren Wunsch im Irrealis *… hätt ich wohl mögen blühen sehn.* Sie macht sich nichts vor: Ihn selbst wird sie nicht mehr erreichen. Der korrespondiert mit der Familie aus Emmendingen, wenn überhaupt, dann über seinen Diener Seidel, *ohne nur ein »Grüß Dich Gott« beizusetzen.* Für Goethe ist die Schwester nur noch eine kaputte Marionette. Er kann sie nicht mehr führen. Da eine Reparatur nicht lohnt, wurde die Puppe ausgetauscht – und wartet auf Entsorgung.

Am 8. Juni 1777 stirbt Cornelia. Nicht einmal 27 Jahre alt ist sie geworden. Der Bruder reagiert in gewohnter Weise. Die Todesnachricht macht ihn ungehalten. Er beschwert sich bei der Mutter, *dass das Glück sich gegen mich immer gleich bezeigt*. Er stellt keine Fragen. Er will nicht wissen, ob die Schwester leiden mußte. Wie es Schlosser und den beiden kleinen Kindern geht. Und wie den Eltern, die ihre einzige Tochter nun im Grabe wissen. Der Filius spricht nur von sich, davon, daß ihm das Ableben ungelegen kommt, *da es mich in so glücklichen Zeiten überrascht*. Und dann ist er auch schon wieder beim Alltagsgeschäft. Die Zeichnung von Maler Kraus sei fertig und werde bald nach Frankfurt abgehen.

Gewiß, er spürt den Verlust. *Dunckler zerrissner Tag* notiert er, nachdem er am frühen Morgen des 16. Juni von Cornelias Tod erfahren hat. Fünf Monate später wird er in einem weiteren Brief an die Mutter gar ein dramatisches Bild bemühen. Ihm sei *so eine starcke Wurzel die mich an der Erde hielt abgehauen, dass die Äste, von oben, die davon Nahrung hatten auch absterben müssen.* Doch der brutale Hieb kam nicht vom Sensenmann. Die Schwester selbst hat ihm die Schmerzen zugefügt, als sie sich mit Schlosser verband. Ihr Jawort in der Frankfurter Barfüßerkirche war für den Bruder auch ein Adieu. Willkommen und Abschied, einmal mehr. Sie hat es gewagt! Das wird sie ihm büßen.

Jahrzehnte vergehen. 14 Monate vor seinem Tod aber kann Goethe das 18. Buch von *Dichtung und Wahrheit* beenden. Er nutzt seine Chance, er zahlt es ihr heim, er beschädigt ihr Andenken für immer. Ein Ausbund an Häßlichkeit sei sie gewesen, der morgendliche Blick in den Spiegel eine Tortur. Unrein die Haut, die Stirn gewölbt. O hätte sie doch nur *den oberen Teil ihres Gesichtes mit Locken umwölken, Schläfe und Wangen mit gleichen Ringeln bekleiden können*! Der Autobiograph führt seiner Leserschaft ein Monster vor Augen. Ein Wesen ohne *die mindeste Sinnlichkeit.* Eine Frau, deren Zukunft sich der Dichter, der auf Schönheit hielt, nur *als Äbtissin, als Vorsteherin einer edlen Gemeinde* vorstellen konnte. Was kümmert es Goethe, daß die Schwester einmal einer Reihe von Kavalieren ganz anders, als eine begehrenswerte Frau von Fleisch und Blut erschien?

Als der Memoirenschreiber Ende März 1831 das Cornelia-Kapitel noch einmal mit Eckermann durchspricht, präzisiert Goethe – im Bewußtsein, daß dieses Gespräch eines Tages publiziert werden wird – seine Erinnerungen an die Schwester: *Der Gedanke, sich einem Mann hinzugeben, war ihr widerwärtig.* Für die Ehe mit dem Oberamtmann Schlosser mag das gegolten haben; in einer kleinen, 1776 gedruckten *Ehestands-Szene* hatte der, unschwer zu dechiffrieren, eine engelsgleiche Erscheinung beschrieben, die es *ekelt vor seiner Liebe...* Goethe aber kehrt Cornelias Abneigung ins Allgemeine. Die Vorstellung, sich *einem* (!) Mann hinzugeben, sei der Schwester schrecklich gewesen, woraus gefolgert werden darf: glücklich wäre sie nur an der Seite jenes Mannes geworden, dem das Inzest-Tabu jede körperliche Inbesitznahme verbot. Noch einmal beschwört der alte Mann sein Wunschbild von der grauen Jungfer, dem Bruder in Aufopferung ergeben. Ohne die eigenen lustfeindlichen Projektionen auch nur zu reflektieren, spielt er sich zum postumen Vormund auf: Cornelias sehnlichster Wunsch sei es gewesen, ihr Leben *in geschwisterlicher Harmonie fortzusetzen und zuzubringen.*

Er braucht Tünche, eimerweise. Noch mit seinen 81 Jahren hält er den Gedanken nicht aus, daß es die Schwester, sein *Mädgen* war, die damals ausgebrochen ist, die ihn verließ, in den Zustand *einer fatalen Einsamkeit* versetzte und sich einem anderen zuwandte, weil sie seine Tyrannei nicht länger ertrug. Der Greis klammert sich an realitätsferne Legenden. Bis zum Abend aller Tage hätten sie beieinander gelebt, wäre da nicht die verzehrende Liebe in Wetzlar dazwischen gekommen. Als seine Aufmerksamkeit nur noch Lotte gegolten habe, macht Goethe seine Nachwelt glauben, sei die arme Cornelia verzweifelt, da *schien ihr die Einsamkeit unerträglich*. Freund Schlosser habe die Gunst der Stunde schamlos ausgenutzt. Die Schwester, ein wenig verwirrt von der Aussicht auf eine *erwünschte Partie*, habe durchaus gezögert, bevor sie den Antrag *endlich anzunehmen sich, ich darf wohl sagen, bereden ließ*. Dummes Nelchen!

Als er sich Cornelia zum letzten Mal klein und häßlich macht, ist sie schon über ein halbes Jahrhundert tot. Ermorden kann er sie nicht mehr. Aber Rufmord tut auch seine Wirkung. Der Arzt und Philosoph Johann Georg Zimmermann, der das Wesen des Dichters kennenlernte, als ihn dessen Schwester im Frühjahr 1776 konsultierte, hat fünf Monate nach dem Tod seiner Patientin an Lavater geschrieben: *Die Liebkosungen von Goethe schienen mir die Liebkosungen eines Tigers. Man faßt unter seinen Umarmungen immer an den Dolch in der Tasche.* Die Schwester hatte kein Messer zur Hand. Mag sein, dies war ihr Verhängnis.

Ob nun Cornelia, Merck oder Lenz: Sie haben teuer dafür bezahlt, daß sie in die Quere eines Mannes gerieten, der – Flaubert variierend – als Halbgott gedacht, doch als

Würger gelebt hat. Gewiß, in seinem Zwiespalt taugt er zum tragischen Helden, in Deutschland erst recht. Aber warum entrücken sie ihn immer gleich in olympisch ferne Sphären, all die getreuen Gelehrten, die dem übergroßen Dichter-Denkmal fleißig den Sockel putzen, den Blick auf die Opfer indes, die seinen Weg ins Überirdische pflasterten, in Panik vermeiden. Die Opfer! Die auf der Strecke Gebliebenen! Die Ungeliebten, die an die Schuld der Überlebenden erinnern.

Frankfurt am Main, 28. August 1945, des Klassikers erster Nachkriegsgeburtstag. Ernst Beutler, Direktor des Freien Deutschen Hochstifts, erklärt in festlich-zeitentrückter Rede, Goethe zeuge *von dem Edelsten und Schönsten, dessen deutscher Geist fähig gewesen ist.* Das war in beklemmender Weise zutreffend, wenn auch anders als vom Festredner intendiert. Deutsche Geister hatten die Welt in Schutt und Asche gelegt, eine ganze Kultur nahezu ausgerottet. Der Schrecken war an Goethes Ehrentag gerade einmal vier Monate vorüber; doch schon wurden überall kleine Schlußstriche gezogen. Wohin man auch schaute: leuchtend weiße Westen. Nirgendwo Täter, nur hier und dort ein paar verirrte Mitläufer.

Da paßte kein Rebell wie Schiller, wie Heine, wie Büchner, sondern nur ein Meister im Wegschauen ins Panorama der Zeit; ein Mann, der seinen Landsleuten die Unfähigkeit zu trauern so selbstüberzeugt vorgelebt hatte. Der Blick zurück war Goethe ein Greuel, von der Auseinandersetzung mit eigener Schuld hielt er wenig, wie der Geheime Rat im Dezember 1825 dem Kanzler von Müller anvertraut hat. *Keine Rekriminationen, keine Vorwürfe über Vergangnes nun doch nicht zu Änderndes. Jeder Tag bestehe für sich, wie könnte man leben, wenn man nicht jeden Abend sich und andern ein Absolutorium erteilte?* Keine Rekriminationen ... das hieß, wörtlich übersetzt, nur keine Verurteilung der Verbrechen von einst! Jeder Tag bestehe für sich, das hieß: Bloß nicht an alten Wunden rühren! Da hat der große Dichter gleich Millionen aus tiefer deutscher Seele gesprochen. Mit Goethe durch die Stunde Null!

Am Nikolaustag 1825 freilich wird er in erster Linie die eigene Absolution vor Augen gehabt haben. Wie viele Dokumente aus dunkler Vergangenheit hat er da schon selber beiseite geschafft. Das Befreiung verheißende Autodafé von 1797, dem auch das Gros der Cornelia-Briefe zum Opfer fielen, war nur ein Auftakt. Goethe hat seinen ehrfürchtigen Epigonen ein Leben lang vorgemacht, wie sich eine Vita retuschieren läßt. Da war die Geschichte mit dem *wohlgeformten, inwendig verguldeten Becher.* Den wollte er als Handsalbe – wie man damals den Tatbestand der Bestechung vornehm umschrieb – an den Schriftsteller Christian Moritz Engelhardt versenden, damit der von seinem Vorhaben ablasse, bislang geheimgehaltene Dokumente über *Goethes Jugenddenkmale in Strassburg*, sprich über des Dichters nicht eben mit Noblesse beendete Liebe zu Friederike Brion, zu veröffentlichen. Selbstverständlich werde er, Goethe, das kostbare Trinkgefäß auch mit einer wertsteigernden Widmung versehen, *und zwar so, daß der Name des Empfängers und des Gebers mit der ehemaligen und gegenwärtigen Jahreszahl eingegraben darauf erscheine.*

Der Geheime Rat sah das ihm höchste Gut, die eigene Reputation, gefährdet. In den Briefen an Jugendfreund Salzmann, deren Autorisierung Engelhardt jetzt erbat, hatte er delikate Einzelheiten aus der Elsässer Verbindung preisgegeben. Da wäre die beschauliche Darstellung in *Dichtung und Wahrheit* ins Wanken geraten... Die Welt rund ums Pfarrhaus: ein Stück heile Welt und Friederike, ein *allerliebster Stern am ländlichen Himmel*! Ganz so wird es nicht gewesen sein. Im Sesenheim-Kapitel, so hat er Eckermann gestanden, sei *kein Strich enthalten, der nicht erlebt, aber kein Strich so, wie er erlebt worden.*

Goethe wußte gar zu genau, vieles in seiner Autobiographie war Camouflage, ein geschickt eingefädeltes Manöver der Täuschung. Und dem Autor wird auch kaum verborgen geblieben sein, daß es nicht wenige Zeitgenossen gab, die an seiner Darstellung zweifelten. Ergreifend noch heute ist der Brief Rahel Varnhagens an ihren Mann aus dem Oktober 1815. Wieder einmal hatte sie *mit großem Anteil* eines von Goethes berühmten Sesenheimer Liedern gelesen...

*Fühle, was dies Herz empfindet,*
*Reiche frei mir deine Hand,*
*Und das Band, das uns verbindet,*
*Sei kein schwaches Rosenband!*

Sie zeigt sich romantisch gerührt (*hab ich über Goethe geheult, geschrien, weil mir das Herz borst*), dann stellt sie kluge Fragen. Wie mag es Friederike ergangen sein, als sie die ihr zugeeigneten Zeilen las? *Dem hätte sie nicht glauben sollen?* Rahel wird böse, empfindet den verbalen Schmeichler *zum erstenmal als Feind.* Gewiß, er könne formulieren wie kein zweiter; hier aber habe er die Verführungskraft seiner Worte mißbraucht. Wenn er die Empfindungen seines Herzens besänge, dann sei die beabsichtigte Wirkung eiskalt kalkuliert. Da habe Friederike keine Chance zur Gegenwehr gehabt. *Ich fühlte dieser Worte ewiges Umklammern um ihr Herz.* Rahel erkennt auf Vorsatz. *Solche Worte muß man nicht schreiben, er nicht; er kannte ihre Süße, ihre Bedeutung.*

Und nun auch noch pikante Details? Nur das nicht! Bloß keine Rekriminationen! Der Dichterfürst setzt sich zur Wehr. Das knappe Kapitel in *Dichtung und Wahrheit* hat schließlich den *allgemeinen Beifall gefunden und ist immerfort mit besonderer Vorliebe von sinnigen Lesern beachtet worden.* Dixit. Mehr ist nicht zu sagen. Engelhardt wird abschlägig beschieden. *Was die angezeigten Papiere betrifft, so kann ich deren Publikation meine Einwilligung nicht geben, ja ich muß förmlich und ernstlich dagegen protestieren.* Das war deutlich genug. Wozu also noch einen kostbaren Becher verschenken! Die goldene Gabe ist nur in der Konzeptfassung des Briefes nach Straßburg erwähnt. Das Schreiben hatte auch ohne Beifügung eines Präsents die erwünschten Folgen. Und wenig später fand sich ein williger Bibliothekar, der die unliebsamen Erinnerungsstücke für immer vernichtet hat.

Wegschauen. Verdrängen. Auslöschen. Wie oft hat er sich auf diese Weise durchgeschlagen. Seine Verehrer – und wen anderen ließ er in seine Nähe? – haben es ihm freilich meist leicht gemacht. Der eine, es ist der Schriftsteller Werthes, erhebt ihn zu seinem *Herrn Christus* und träumt davon, der *letzte seiner Jünger* zu sein. Ein zweiter, der Frankfurter Komponist Kayser, drückt noch mehr aufs Pedal: *Er ist ein Gott, aber er ist noch ein besserer Mensch.* Ein dritter – Voss, der Jüngere – glaubte bei seiner Aufwartung im Empfangszimmer des Hauses am Frauenplan *ein wahrhaft überirdisches Wesen* auszumachen, *dem man sich mit tiefer Ehrfurcht nur nahen kann.*

Wer konnte, so gebückt, schon Dichtung und Wahrheit vergleichen!

Gretchen kennt jeder, wer aber kennt Anna Catharina Höhn? Eine ledige Magd aus dem Dorf Tannroda. Am 11. April 1783 hat sie in tiefer Not ihren neugeborenen Sohn getötet. Eine Kindsmörderin wie die Geliebte des Heinrich Faust. Auch sie wird geweint, um ihr Leben gefleht haben, so wie Margarete in ihrem Kerker: *Erbarme Dich mein und laß mich leben! Ich bin so jung, so jung, und war schön und bin ein armes junges Mädchen.*

Ob sich der Minister seiner Zeilen aus dem *Urfaust* erinnert hat, als er im Herbst 1783 über das Leben der Anna Catharina Höhn zu entscheiden hatte? Seine Kollegen im Geheimen Conseil waren uneins: Schnauß ist für die Todesstrafe, von Fritsch dagegen. Goethes Votum muß den Ausschlag geben. Die Angeklagte durfte hoffen. Der Herzog tendiert zu einer lebenslangen Haftstrafe, will sich aber dem Votum der Kommission beugen. Und Goethe hatte 1771 in seinen stramm konservativen Promotionsthesen die Sklaverei zum Bestandteil des Naturrechts erhoben und auch gegen die Abschaffung der Todesstrafe plädiert, in der Beurteilung des Kindsmords aber eine gewisse Liberalität gezeigt. Hier sei eine Hinrichtung der Delinquentin keineswegs zwingend.

Doch was kümmern einstige Thesen – auch Gretchens Schreie sind lange verhallt. Nur keine Rekriminationen! Seit 1782 ist Goethe geadelt, den Nöten einer Frau wie der Angeklagten, einer Magd, vollends entrückt. Johann Wolfgang von Goethe hält es mit der Staatsräson. Es möge *räthlicher seyn*, schreibt er am 4. November 1783, *die Todtesstrafe beyzubehalten.* Wie beiläufig er das sagt. Räthlicher! Als ginge es um eine Neufestsetzung der Biersteuer.

24 Tage später wird Anna Catharina Höhn *durch das Schwert vom Leben zum Tode gebracht.* Hundert Husaren werden abgestellt, die öffentliche Sicherheit aufrechtzuerhalten angesichts der *Köpferey*, die den Weimarer Publizisten Christoph Bode zur Flucht aus der Stadt veranlaßt, weil ihm die Hinrichtung *nicht als eine Strafe, sondern als Staatsmord vorkommt.*

Johann Wolfgang von Goethe diktiert unterdessen einen Brief an Lavater: *Der Herzog ist recht brav.* Über die Exekution nie wieder ein Wort. Und der den tödlichen Spruch begründende *Aufsatz über die Bestrafung von Kindstötung* ist aus den Archiven verschwunden. So wie die Briefe aus Straßburg, so wie die Dokumente über die Ausweisung von Jakob Michael Reinhold Lenz.

Säuberungsaktionen von bleibender Wirkung! Zwar ist der Vorgang in seinen Grundzügen seit 1929 bekannt, als Friedrich Wilhelm Lucht seine Studie über die Strafrechtspflege in Sachsen Weimar-Eisenach publizierte. Aber nur wenige hielten das grausame Urteil einer Erörterung wert – Hans Mayer 1973 in seinem *Versuch über den Erfolg*, Albrecht Schöne 1994 in seinem *Faust*-Kommentar der Frankfurter Ausgabe, oder, minuziös, 1998 Sigrid Damm in ihrer Biographie über Christiane. Der Klassiker ist auch in seiner Rezeption ein Kapitel deutscher Verdrängung. Der Kongreß der Weißwäscher, er tagt bis heute. In den großen Biographien, selbst im monumentalen Goethe-Handbuch, ist der Name jener Frau ausgespart, der es nicht vergönnt war, den Edelmut Goethescher Dichtkunst auf der Bühne zu erleben. Anna Catharina Höhn spürte die Wahrheit des *Urfaust* am Richtblock.

*Deine liebe Hand – Sie ist feucht – Wische sie ab, ich bitte Dich! Es ist Blut dran.*

**Mich drängt' es, in ein Haus zu gehn,
Drin wohnt' ein Künstler und Minister.
Den edeln Künstler wollt ich sehn
Und nicht das Alltagsstück Minister.
Doch steif und kalt blieb der Minister
Vor meinem trauten Künstler stehn,
Und vor dem hölzernen Minister
Kriegt ich den Künstler nicht zu sehn:
Hol ihn der Kuckuck und sein Küster!**

*(Gottfried August Bürger, 1789,
nach einem Besuch bei Goethe)*

## V. Charlotte von Stein, Johann Gottfried Herder

Um Goethe sei – Wieland hat es früh erkannt – nicht einmal *soviel Licht und Wärme, als vonnöten ist, um ein paar Eier dabei lind zu sieden.* Manchmal schien es den Geheimen Rat selbst ein wenig zu frösteln, wenn er abends dasaß, erst im schlecht heizbaren Gartenhaus an der Ilm, später in der Residenz am Frauenplan, nur von Philipp, dem Diener, umgeben und schon ein wenig berauscht dank einiger Bouteillen fränkischen Weines. Dann konnte er, selten gewiß, sentimental werden. Dann begann er, die traurigen Umstände, in die er mit so viel eigenem Zutun geraten war, auf kleinen Zetteln heftigst zu beklagen. Wieder einmal müsse er zu Hof, da sei er *schon im voraus müde.* Regieren belastet, *nimmt alle Freude weg und giebt nie Freude.* Welch *sauer Stückgen Brot, die Disharmonie der Welt in Harmonie zu bringen!*

Natürlich hätte er die Stellung umgehend quittieren können. Aber so wiederum hat er sein Lamento über die unangenehmen Amtsgeschäfte auch nicht gemeint. Wo anders schließlich bot sich eine Existenz wie diese? Er will sich nur ein wenig davonträumen – an einen Fluchtpunkt, fernab im Idealischen gelegen, und doch nur ein paar Querstraßen entfernt. Da wohnt der *liebe Morgen und Abendstern, der Engel von einem Weibe*: Charlotte! Ihr, der – fürs erste jedenfalls – unerreichbaren Gattin des ewig depressiven Josias Freiherrn von Stein, darf er klagen; sie, die er sich in seinem Tagebuch als Sonne aufmalt, wird ihn *wohlthätig abtrocknen*, den düsteren Minister-Alltag ein ganzes Jahrzehnt lang erhellen.

Gewiß, an seiner gegenwärtigen Krise, als Schriftsteller am Rande des Scheiterns zu sein, kann auch sie wenig ändern. Der *Tasso* wird weiter stocken, *Wilhelm Meister* desgleichen. Auch die Verse der *Iphigenie* wollen nicht recht gelingen. Der Provinzpolitiker wird für eine geraume Zeit über den Poeten triumphieren; aber Charlottes Gegenwart läßt die engen Himmel Weimars vergessen. Sie ist Geliebte, Schwester und Mutter zugleich. *Alle meine Schwächen habe ich an dich angelehnt, meine weichen Seiten durch dich beschützt, meine Lücken durch dich ausgefüllt.*

Mag sein, daß er sie tatsächlich liebte, vor allem aber hat er sie gebraucht – so wie Merck und all die anderen. Sie bediente all das, was er in seinem ersten Weimarer Jahrzehnt nicht leben konnte. Sie, die er zum *Inbegriff meiner Freuden und Schmerzen* verklärte, war der letzte Rest einer freien Künstler-Existenz, die er der Karriere fürs erste zwar geopfert hatte – und der er doch nachhing. *Wieviel wohler wäre mir's wenn ich von dem Streit der politischen Elemente abgesondert in deiner Nähe meine Liebste, den Wissenschaften und Künsten, wozu ich gebohren bin, meinen Geist zuwenden könnte.*

Für ein paar Jahre ist sie ihm nun *die liebste Aussicht meines ganzen Lebens*. Der Lohn dafür sind rund 1800 kleine Billetts, Stundenprotokolle innigster Gefühle; wenn er in Form ist, schafft er drei Stück an einem Tag. Und manchmal schickt er auch ein unschwer zu entschlüsselndes Gedicht herüber.

*Warum gabst uns, Schicksal, die Gefühle*
*Uns einander in das Herz zu sehn,*
*Um durch all die seltenen Gewühle*
*Unser wahr Verhältnis auszuspähn?*

Am Anfang hat sie sich gegen die Manöver systematischer Inbesitznahme gewehrt, den Verehrer beharrlich in die Schranken gewiesen. Sohn Karl mußte 1776 eine ihm von Goethe dedizierte goldene Uhr auf Geheiß des Vaters zurückgeben. Das war gewiß demütigend – und doch nicht mehr als hilfloses Störfeuer eines Ehemanns, der im Begriff war, seine Frau zu verlieren. Der Dichter wußte, seit der Sesenheimer Affäre, wie die Kraft seiner Worte gezielt einzusetzen war. Er kam mit Briefen und Poemen, sticht für sie Spargel, flankierend wurden Juweliere bemüht. Und wenn sie sich entzieht, nur noch Kompott, keine Komplimente schickt, weiß er mit Effekt zu schmollen. *Es ist doch hübsch von Ihnen, daß Sie, den Sie nicht mehr lieben, doch mit eingemachten Früchten nähren wollen.* Das traf ins Herz.

1781 schenkte er der Geliebten gar einen Ring mit seinen Initialen und ließ keinen Zweifel, daß er sich fortan *wohl verheurathet* fühle, ohne sich freilich auch nur im Entferntesten festlegen zu müssen. Charlotte war vergeben. Und hatte folglich keine Ansprüche zu stellen, einerlei ob die beiden nun, wie's Heerscharen von Philologen gen Himmel stoßen, nur entsagungsvoll auf dem Postwege verkehrten, oder ob sie sich nicht doch, was bei nüchterner Lektüre der Briefe wahrscheinlicher scheint, bei Gelegenheit wie Mann und Frau benahmen.

Wenn Goethe seinen Besuch mit den Worten ankündigte: *Nach Tische seh ich dich und verlasse dich ungern des*

*Abends* – dann mag das noch Raum für unterschiedliche Deutungen lassen. Schon verfänglicher wird die Angelegenheit, wenn der Freund am Morgen danach des Vergnügens gedenkt, *Dich wieder gestern zu besitzen*. Doch, was ein echter Goethe-Forscher ist, der sieht den Olympier, dessen Liebe *nicht von dieser Welt gewesen* sei. Auch Charlotte spukt in so mancher philologischer Abhandlung als abgrundkeusches Wesen herum, als *Frauenideal von reinstem Seelenadel*, so 1923 der erste Herausgeber von Goethes Briefen an Frau von Stein, Richard Müller-Freienfels. Der hat in seinem Vorwort die Geliebte zur Protagonistin einer deutsch-nationalen Soap-Opera bestellt, dem Schicksal dankend, *das unserm Volke, das seine ererbten Mythen vergessen und für fremdes Blut dahingegeben hat, einen neuen Mythos geschenkt hat, den Mythos der vergeistigten Weiblichkeit*. Da ist es geradezu erfrischend, daß der Meister selbst die Dinge zeitweilig ein wenig anders sah und sich in einem Billett an Charlotte auf höchst irdische Genüsse freute. *Die Melone wollen wir zusammen verzehren, und uns zusammen noch einer süseren Kost freuen, die Sommer und Winter das schmackhaffteste ist.*

Doch aus welcher Menage sie auch immer gegessen haben mögen: Goethe hat über Jahre keinen Zweifel aufkommen lassen, daß diese Liebe ein Leben lang währen sollte. *Auf ewig Dein* – das war mehr als eine freundliche Abschiedsformel, wenn er wieder einmal ein Zettelchen zu Ende gebracht hatte. Und über den Tag hinaus wies auch das kleine Briefgedicht *Für ewig* – ein feuriges Loblied auf *die Harmonie der Treue, die kein Wanken, der Freundschaft, die nicht Zweifelsorge kennt*. Wie hätte die Frau, die Aufrichtigkeit zu den wichtigsten Tugenden zählte, die schönen Worte als bloßes Lippenbekenntnis abtun können, all die Verse, die er ihr schickte und die heute zum klassischen Bildungsgut gehören. *An den Mond. Wandrers Nachtlied. Ein Gleiches.*

Er konnte so einfühlsam sein, und zugleich so raffiniert und durchtrieben. Aber natürlich hat er nur *einen wohlgeschnitzten Becher* im Sinn gehabt, als er 1781, als sie sich ganz nah waren, in sehr direkter Rede ein Gefäß der ganz besonderen Art besang. *Wenn ich deinen lieben Leib umfasse / Und von deinen einzig treuen Lippen / Lang bewahrter Liebe koste, / Selig sprech ich dann zu meinem Geiste…* Bisweilen haben die beiden ihre Nähe – Sabine Appel hat es in ihrer Studie *Im Feengarten* beschrieben – sogar in höchst realer Familiarität gelebt. Da Gatte Josias nach einem Sturz von einem Knochensplitter im Hirn gequält wurde und oft unpäßlich war, übernahm Goethe die Gastrolle eines treusorgenden Familienvaters. Bis nach Halberstadt und Kassel ist er mit Sohn Fritz gereist, er zeichnet ihn in Kreide, dafür soll er an Mutter Katharina Elisabeth ein kurzes Brieflein nach Frankfurt schreiben. Charlottes Sohn, der Enkel-Ersatz! Sie lebten symbiotisch. Ein Besucher wird in seinem Tagebuch notieren, Frau von Stein habe *nicht allein in der Sprache, sondern auch in der Physiognomie erstaunlich viel von Goethe.*

So gingen, begleitet von kleinen Höhen und Tiefen, die Jahre dahin. Und wie es scheint, hat die Frau Oberstallmeisterin am Ende geglaubt, der Freund habe mit all seinem Papier tatsächlich sie, die neue, wirkliche Lotte, gemeint. Einen Menschen, und nicht ein Stück Kork, das ihn vor dem Absaufen bewahrt, bis er schließlich schwimmen kann. War sie, die *Geliebteste, unentbehrliche*, ihm denn nicht auch eine Frau aus Fleisch und Blut und keineswegs nur idealisierte Kunstfigur? Er hat sie doch besessen. Er hat doch beteuert, ihre Zärtlichkeit fühlen zu wollen. Für immer! Aber vielleicht hat sie es nicht wahrhaben wollen: Die zartesten Verse, die er ihr schrieb, waren nicht an sie, an Charlotte, sondern an *Lida* gerichtet. An eine Gestalt aus seiner Privatmythologie. An eine erhabene Kreatur, von ihm nach den eigenen Wünschen erschaffen. Einzig für ihn existent. Einzig von ihm wieder auszulöschen.

Dann kam das Jahr 1786. Die Probe aufs Exempel. Ernst von Stein, der zweitgeborene Sohn, erkrankt an Knochenkrebs. Der 18jährige hat grausame Schmerzen. Über den Ausgang des Leidens macht sich Charlotte schon im Mai nicht mehr die geringsten Illusionen, wie ihr sarkastisch-nüchterner Brief an Karl von Knebel zeigt. *Heute werden dem Ernst Krücken angemessen. Dem sind die Übel hübsch beizeiten auf den Leib gerückt: Den Vorteil hat es, daß er nicht braucht vom Wahn der Jugend zurückzukommen, da ihn die Natur frühzeitig, wie es scheint hinausweist.* Goethe weilt gerade in Jena, denkt gar nicht daran, der Geliebten beizustehen und aufzubrechen. Sehr wohl aber erinnert er die Freundin gelegentlich an den gemeinsam geplanten Kuraufenthalt in Karlsbad. Und den Herzog soll sie grüßen, ihm melden, daß er über Gotha zurückgehen werde. Ernst, schreibt er im selben Brief, datiert vom 15. Juni, *liegt mir am Herzen, besonders wenn ich dencke, was ich mit ihm vorhatte.* Er bemüht das Präteritum, spricht von vergangenen Plänen. Auch Goethe hat Ernst, den jungen Jagdpagen, augenscheinlich aufgegeben.

Charlotte, nicht eben Inkarnation von Fürsorglichkeit, läßt den todgeweihten Sohn allein und bricht auf zu den böhmischen Brunnen, macht schon einmal Quartier;

Goethe wird folgen, bleibt aber noch ein paar Tage in Weimar und erstattet aus dem neuen Stein'schen Heim an der Ackerwand, zu dem er einen Schlüssel besitzt, am 10. Juli verläßlich Rapport. *Fritz ist sehr lustig, Ernst geduldig.* Doch die sich anbahnende Tragödie wächst ihm über den Kopf. Zwei Tage später wird er seinem Freund Jacobi, der in England ist, recht unmißverständlich andeuten: *Wenn du wiederkommst werde ich nach einer andern Weltseite geruckt seyn.* Der vermeintlichen Liebe seines Lebens sagt er kein Wort. Aber in seinem nächsten Billett wird er sie orakelnd fragen: *Wem soll ich sagen, was ich dencke?*

Am 21. Juli appelliert er an Charlotte, sie solle ihn lieben, sein Herz sei schließlich das ihre; nur von Ernst gäbe es leider nichts Gutes zu berichten, *es ist und bleibt ein trauriger Zustand*; zwei Tage später wird er eine Kiste mit Briefen der Freundin im herzoglichen Archiv deponieren. Er regelt die letzten Dinge. Geldgeschäfte. Dann endlich, am 25. Juli bei Sonnenaufgang, geht es gen Karlsbad. Ein letztes Stelldichein der Seelen. Und mag sein – wen schert es –, auch eine letzte Begegnung der Körper. Knapp drei Wochen bleiben den beiden. Am 14. August tritt die Freundin den Rückweg nach Weimar an, Goethe hat sie bis Schneeberg begleitet; daß ihr wieder Freude zu seiner Liebe aufgehe, habe ihn – so wird er ihr in einem ersten Billet nach dem Abschied mitteilen – *recht glücklich gemacht.* Dann malt er für sie ein Bild: den Felsen von Neudeck. Aber über sein Vorhaben schweigt er noch immer. Erst Anfang September tastet er sich langsam der Wahrheit entgegen.

Zum Monatsersten schickt er ihr ein Lebewohl aus Karlsbad, räumt ein, daß er *bisher im stillen mancherlei ge-*

*tragen*, deutet an, daß er nun *länger außenbleibe* – mehr sagt er nicht. Am 3. September schleicht er sich davon, im Schutze der Dunkelheit, früh morgens um Drei, *nur einen Jagdranzen und Mantelsack als Gepäck*. Erst zwei Wochen später meldet er sich wieder, schon aus Verona, ohne der Freundin freilich zu sagen, wo er sich befindet. Vage Andeutungen müssen genügen. Einzig Diener Seidel, der daheim die Dinge, soweit irgend möglich, ordnen soll, ist eingeweiht in das Unternehmen *Auch ich in Arkadien*. Er hat freilich strengste Order, alles für sich zu behalten, nicht einmal Post nachsenden darf er; der Geheimrat möchte *Rom ohne Erwartung nordischer Nachrichten betreten*.

Wie mag es Charlotte in diesen Wochen gegangen sein? Hat nicht auch eine Geliebte ein minimales Anrecht auf Ehre? Mehr als ein Vierteljahr kennt sie nicht einmal den Aufenthaltsort des Mannes, den sie ein Jahrzehnt für ihren Vertrauten gehalten hat. Ist er in England, bei der Mutter in Frankfurt? Oder hat er am Ende wie Werther Selbstmord begangen? Oder kommt er morgen zurück, so als sei nichts gewesen? Vor allem aber: Warum hat er geschwiegen, geschwindelt, sich klammheimlich davongestohlen? Sie fühlt sich hintergangen. Mißbraucht. Belogen von all den in Jamben gezwängten Versicherungen der unsterblichen Liebe. Immer wieder muß sie sich mit ihm, mit seiner Flucht befassen und hat doch, bei Gott, ganz andere Sorgen. Ernst geht es von Tag zu Tag schlechter. Und die Leute in Weimar beginnen hinter ihrem Rücken zu reden. Sie ist zornig, zurecht.

Als Charlotte endlich über Dritte die Adresse des Entschwundenen erfährt, fordert sie ihre Briefe zurück. Sie wird sie vernichten, die Spuren, die in ein schmerzhaftes

Gestern weisen, unwiederbringlich beseitigen. Sie hat von Goethe gelernt. Der zeigt sich betroffen, *daß du krank, durch meine Schuld krank warst.* Den Ort, wo ihre Autographen eingelagert sind, verrät er freilich gern. Soll sie doch zündeln. Nur keine Rekriminationen! Die Freundin hat die Aufgabe, die ihr beschieden war, erfüllt. Nun gilt es, sich von den Nachwirkungen zu erholen: *mich von den phisisch moralischen Übeln zu heilen, die mich in Deutschland quälten und mich zuletzt unbrauchbar machten.* Der Brief an Carl August läßt wenig Zweifel, mit der Flucht nach Italien, dem neuen Glücksgefühl dort, war Charlotte nur noch der *liebste Traum* von einst.

Immerhin als Adressatin einiger Anweisungen hat Goethe noch Verwendung für sie. Aus Rom, wo er sich als Jean Philippe Möller, Kunstmaler aus Leipzig, versteckt, schickt er ihr sein Tagebuch, sie soll es für die Nachwelt bearbeiten, jedes vertrauliche *Du* durch ein neutralisierendes *Sie* ersetzen. Er macht sie zur Sklavin seines Werkes. Ansonsten lobt er das Wetter, die befreiende Wirkung des allabendlichen Schirocco. Die Wärme, die er nicht verbreiten kann.

Ernst von Stein stirbt elend, am 14. Juni 1787. Ausgerechnet in Schneeberg, wo sich das Paar für immer trennte. Die schlimmen Operationen ohne Betäubung haben ihm nicht helfen können. Goethe ist derweil in Rom, bezieht aus Weimar sein Minister-Gehalt und erfreut sich am Tag, als Ernst, abgemagert bis auf die Knochen seinem Leiden erlag, an den Wasserspielen der Villa Adriana und fühlt sich ganz als Künstler. Über den Toten, der doch ein Wahlverwandter war, wird er kein einziges Wort verlieren. Wohl aber über eine neue Freundin, die einmal mehr dem Reich einer selbsterdachten Mythologie zu entstammen scheint. Faustina, die römische Gastwirts-Tochter, die ihn neue Klangwelten zu lehren verstand, *des geschaukelten Betts lieblich knarrender Ton …*

Die Briefe, die er aus Rom an die alte Freundin schreibt, sind kläglich. Wild daherschwadronierte Durchhalte-Appelle! *Laß dich's nicht verdrießen, meine Beste, daß dein Geliebter in die Ferne gegangen ist, er wird dir besser und glücklicher wiedergegeben werden.* Ihn interessiert nur die eigene Befindlichkeit. Er wird besser und glücklicher werden! Sie hat ihm gedroht, fortan aus Kränkung zu schweigen. Er redet von seinen Schmerzen, statt nach den Ursachen der Verletzung zu fragen. Er beharrt auf seiner Liebe; seine *Iphigenie, die nun bald fertig*, liegt ihm am Herzen, und erst recht sein nächstes Reiseziel: Neapel. Wie sie mit ihrem Verlassensein zurechtkommt, will er nicht wissen. *Übrigens geht es mir sehr gut.* Das ist wohl der wichtigste Satz seiner Zeilen vom 13. Dezember 1786. Um Charlotte zu besänftigen, schickt er ihr 25 Pfund Kaffee bester Sorte. Er scheint nichts zu begreifen. Er schaut weg, einmal mehr.

*Ich bin mir selbst wiedergegeben und nur umsomehr dein*, schreibt er sechs Monate später, noch immer ganz im Rausch der eigenen Gefühle. Und wohl leben (und vor allem ihn lieben) soll sie auch noch im Januar 1788. Indes, als der *seit zwey Jahren nach Italien verreiset gewesene Herr Geheimrat v. Goethe*, wie das Fourierbuch vermerkt, am Mittwoch, den 18. Juni 1788, nach Weimar zurückkehrt, sind dem einstigen Freund die drei Taler Fahrgeld für eine Reise nach Kochberg zu viel. Aber seine Briefe will er schnell zurück haben, um Literatur daraus zu machen.

Menschliche Probleme hingegen, die sich durch die

Beziehung zu der Geliebten vergangener Tage ergaben, schob er, der Großmeister des Aussitzens, auf die lange Bank – *man muß nur sich und den Verhältnissen Zeit lassen.* Charlottes Erregung über das Verhalten des Heimgekehrten hatten in Goethes Augen einen einfachen Grund: Sie nahm zuviel von jenem giftigen Getränk, mit dem er sie selbst aus Italien so reichlich versorgt hatte. Schuld an den traurigen Gedanken auf Seiten der Verlassenen war allein … der Kaffee. Das Koffein – *ein phisisches Mittel, dessen Schädlichkeit du eine Zeitlang wohl eingesehen und das du, aus Liebe zu mir, auch eine Weile vermieden und dich wohl befunden hattest.*

Exzessiver Kaffeegenuß als Erklärung von Melancholie: Charlotte hat verstanden und die These des Treulosen über die Jahre hinweg nicht vergessen. 1794 schreibt sie ein Dramolett. *Dido.* Mit Zitaten aus Goethes Liebesbriefen gespickt. Bitter-süße Rache. Elissa erklärt dem zwielichtigen Orgon alias Goethe, sie erkenne in ihm trotz seines gepflegten Äußeren einen Faun, und einem solchen sei kein Gelübde heilig. Darauf Orgon: *Die falschen Vorwürfe kommen von einem dir ungesunden Trank, den ich dir immer verwies.* So die Maxime eines Mannes, der, gut goethisch, seinen Schwur, zeitlebens für Fritz von Stein zu sorgen, nach seiner Rückkehr für ungültig erklärte. Kein Zweifel, Charlotte hatte, wie ihr kleines Drama beweist, Goethe durchschaut.

Und das hatte, um die gleiche Zeit, auch ein anderer getan. Johann Gottfried Herder. Einst das große Vorbild, fünf Jahre älter als Goethe. Der Poet, Theologe und passionierte Sammler deutscher Volkslieder hatte dem jungen Studenten in Straßburg die Augen für die Weltliteratur geöffnet, *manches Vorurteil mit Grausamkeit zerstört.* Er hat ihm den Kosmos Shakespeares erschlossen. Das will Goethe ihm niemals vergessen. *Binn ich bestimmt Ihr Planet zu seyn so will ich's seyn, es gern, es treu seyn. Ein freundlicher Mond der Erde.* Noch so ein leeres Versprechen. Aber der junge Minister hat Herder 1776 gegen allen Widerstand der thüringischen Geistlichkeit als Generalsuperintendent nach Weimar geholt. Was Goethe freilich nicht ahnte: Dem eigensinnigen und unbeugsamen Pastor aus dem ostpreußischen Mohrungen war der rasante Aufstieg seines alten Schülers keineswegs geheuer.

Aus nächster Nähe muß Herder zuschauen, wie schnell sich Goethe verändert. *Er ist aus seinem Garten in die Stadt gezogen und macht ein adlig Haus... Meine Gegenwart ist hier beinah unnütz und wird mir von Tag zu Tag lästiger. Was anderswohin weiß, sehnt sich weg.* Die kleine Strafpredigt zielt nicht auf die Person allein. Er, der Unabhängige, beginnt auch über die Integrität von Goethes Dichtkunst nachzudenken, die er sehr genau kennt. Zuletzt hat er, in Vertretung des in Rom weilenden Dichters, dessen erste Werkausgabe textkritisch durchgesehen.

Für den Humanisten und Aufklärer sind Leben und Werk, Dichtung und Wahrheit nicht so einfach zu trennen. Herder sah den *Menschen im Continuum seiner Existenz.* Da wurde ein Mann schnell suspekt, der als Bühnenautor viel Sympathie mit seinem Gretchen durchblicken ließ, als Minister aber die Exekution einer Kindsmörderin verfügte. Der im *Werther* von der klassenlosen Gesellschaft schwärmte, als real existierender Höfling aber auf die Trennung der Stände bedacht war, von Orden und Titeln träumte. Der im Gedicht die Tugend der Freundschaft verklärte (*Wenn Freundes Antlitz dir begegnet, / So bist du gleich befreit, gesegnet...*), die eigenen

Kumpane aber, wie Lenz oder Merck, ohne Skrupel verstieß.

Genau besehen habe sich Goethe nur um die Wahrheit seiner Szenen gekümmert, schon lange aber nicht mehr *um das Pünktchen, das aufs Gute, Edle, auf die moralische Grazie weiset.* Der Gescholtene hätte dem kaum widersprochen. So ist er nun einmal. Und so wird er bleiben. Das hat er auch Frau von Stein einmal gesagt, 1795, als ihr Verhältnis längst abgekühlt war. *Im Leben brauche man nicht konsequent zu sein, aber freilich in einem Roman.* Charlotte begreift, auf wen die Bemerkung zielt, beendet die Unterredung und verläßt den Raum.

Er hatte ihn anders kennengelernt, damals 1771 in Straßburg. Über Monate hinweg hat Goethe da an Herders Krankenbett gesessen, als der Freund mehrfach an einer Augenfistel operiert wurde. Bei einem der äußerst schmerzhaften Eingriffe hat er dem Chrirurgen gar assistiert, die Schreie des Patienten ausgehalten. Und später dann, als sich keine Besserung einstellen wollte, auch die Launen des *gutmütigen Polterers.* Nein, er hat nicht immer weggeschaut, nicht immer dieses Doppelleben geführt. Wie ist er in Weimar verkommen!

Wenn der Oberhofprediger jetzt an den Großschriftsteller vom Frauenplan denkt, überschlägt sich die *sonore Stimme.* Dann kennt er keine frommen Sonntagsreden mehr, dann wird er grantig. Und manchmal auch sehr traurig. Er kann es *weder in der Kunst noch im Leben ertragen, daß dem, was man Talent nennt, wirkliche, insbesonderheit moralische Existenz aufgeopfert werde, und jenes Alles sein soll.* Und was anderes als Ausverkauf der eigenen Moralität hat Bruder Goethe, der *Tausendkünstler*, betrieben! Die erhabensten Gedichte an Charlotte von

Stein geschickt … und sich dann jämmerlich aus dem Staub gemacht, sie alleingelassen mit dem todgeweihten Sohn.

Wie viele Geschichten hat sich der geduldige Seelenhirte anhören müssen – die Oberstallmeisterin war eine enge Vertraute seiner Frau Karoline. Auch von der Korrespondenz der beiden wird er gewußt haben, von all der zur Schau gestellten Sehnsucht, von der einzig schaler Nachgeschmack geblieben war. Und er besitzt selbst eine Reihe von freundlichen Schmeicheleien wie jenen Gruß aus Breslau im September 1790, in dem Goethe der Geliebten Christiane, seines acht Monate alten Sohnes August und der beiden Herders in Rührung gedenkt: *Wenn Ihr mich lieb behaltet, wenige Gute mir geneigt bleiben, mein Mädchen treu ist, mein Ofen gut heizt, so hab ich vorerst nichts weiter zu wünschen.* Ein paar Jahre später wird Herder zu Charlotte von Stein sagen, Goethes Briefe seien kaum die Tinte wert, Form ohne Inhalt *wie eine Schüssel mit breitem Rand, wo nicht viel drin wäre*.

Die einzige Chance, diesem Mann unbeschadet zu entkommen, hieß: aus freien Stücken Distanz gewinnen, nicht als *hellstrahlender Spiegel* Goethescher Größe herhalten, sondern *dunkle Scheibe* bleiben. Und dann und wann ein wenig Sand ins Getriebe streuen. Herder ist diesen Weg gegangen, so konsequent wie wohl kein anderer. *Ich drücke mich weg von dem großen Künstler, … der auch seine Freunde und was ihm vorkommt, bloß als Papier ansieht, auf welches er schreibt, oder als Farbe des Paletts, mit dem er malet.* Das hat bislang noch kein Untertan im kleinen Herzogtum zu formulieren gewagt. Auch Herder weilte über tausend Kilometer von Weimar entfernt, in Rom, ein letztes Mal auf des Meisters Spuren, als er sein vernichtendes Urteil fällte.

Herder kannte seinen Goethe zu gut. Das bedeutete: Der Gottesmann war gefährlich. Aber da er aus Weimar kaum vertrieben werden konnte, galt es ihn wenigstens einzuschüchtern. Den Kritiker mundtot zu machen. An seiner schwächsten Stelle zu treffen, um die Goethe sehr genau wußte: Herders ökonomische Situation. Die Ausbildung der acht Kinder war kostspielig. Doch um den renommierten Gelehrten in Weimar zu halten und seine Abwanderung an die Universität Göttingen zu verhindern, hat ihm der Herzog 1789 schriftlich einige Vergünstigungen zugesagt, unter anderem, daß er *für die Kosten des Studiums seiner Kinder und für deren Unterkommen* sorgen werde.

Im Frühjahr 1795 hat Karoline Herder den Fürsten an sein Versprechen erinnert. Als der nicht reagierte, wandte sie sich an Minister Goethe, er *möchte unsre Bitte um ein Anleih von 1000 Talern beim Herzog unterstützen*. Schließlich haben sie ihm doch auch schon so manches Mal aus der Klemme geholfen. Frau Pfarrer sollte nach Rückkehr des Italien-Flüchtlings den ärgsten Streit mit Charlotte von Stein schlichten. Und bei Goethes zweiter italienischer Reise im Frühjahr 1790 haben sich die Herders um Christiane und um August, den Säugling, gekümmert. *Wenn ihnen irgend etwas zustieße, worin sie sich nicht zu helfen wüßte, soll sich mein Mädchen an dich wenden*, hat er vor seiner Abreise dem pastoralen Freund Gottfried geschrieben. Er wird sich doch erinnern? Er ist die letzte Hoffnung!

Der Familie wachsen die Schulden über den Kopf. Aber der in Wohlstand lebende Geheimrat läßt sich Zeit. Nach sechs Monaten gibt er einen Zwischenbescheid, man wolle das Ansinnen wohlwollend prüfen. Vertröstungen. Er beherrscht die Kunst der bürokratischen Schikane. Karoline Herder insistiert, fordert die sofortige Bearbeitung ihres Gesuchs, besteht auf Erfüllung des *Contracts in seinen reinen Grenzen* und bezichtigt Carl August gar der *Treulosigkeit*. Sie ist im Recht, Goethe wird es wissen. Der aber schätzt die Einklagung von Versprechungen nicht und nutzt die Gunst der Stunde für den lang ersehnten Rundumschlag.

Gleich zu Beginn des amtlichen Schreibens vom 30. Oktober 1795 wird Karolines Bitte um ein persönliches Gespräch abgewiesen. Das werde *nicht räthlich seyn; wir werden einander nicht überzeugen*. Wie er diese gespreizte Formulierung liebt: für *nicht räthlich* hat der wenig redliche Rat doch auch schon die Abschaffung der Todesstrafe im Fall von Anna Catharina Höhn gehalten. Kurzum: Die Familie darf keine Milde erwarten. Frau Herder hat auf ihre Rechte gepocht, anstatt sich untertänig zu bescheiden. Über die Promotionskosten von Gottfried könne man reden, dem nachgeborenen August werde es indes *nicht schaden einige Zeit in einer Canzley zu arbeiten*. Oder er wähle das Bergwerksfach. Solche Leute würden immer gebraucht.

Wenn Karoline mehr fordere, werde das den Herzog beleidigen. So jedenfalls sieht es dessen oberster Diener, der Widerspruch in dieser Sache nicht länger dulden mag. Er hat andere Probleme. Carl August wünscht, daß sich Goethe erneut von Maler Tischbein in Öl verewigen läßt. *Ich werde keine Replick auf dieses Blat lesen ...* Punktum.

Die entscheidenden Sätze sind gesprochen, daß dies Ärgernis nämlich weit über den eigentlichen Anlaß, die angemahnte Erziehungsbeihilfe, hinausweise. Der Schaden liege tiefer: *daß Sie den Beystand von Menschen suchen müssen, die Sie nicht lieben und kaum schätzen.*

Die Adressaten werden die unverhohlene Anspielung verstanden haben. Der Herzog und seine Minister fühlen sich ungeliebt. Herder, der nun um Geld für seine zehnköpfige Familie fleht, hat es an lobenden Worten für den Provinzfürsten fehlen lassen, einst sogar offen mit den Idealen der Französischen Revolution sympathisiert, die der Autor des *Bürgergeneral* so herzenstief haßte. Der Mann in klerikalem Schwarz hat *die Sonne der Freiheit* gepriesen, auf die man in Deutschland seit langem vergeblich warte. Da werde man *noch eine Weile im Finstern sitzen, doch erhebt sich der Morgenwind hie und da in Stimmen.* Just die aber waren Carl August und den Seinen verdächtig.

Wer die Freiheit politisch zu fassen versuchte, der hatte es schwer am vermeintlich so liberalen Musenhof. Goethe wußte im Brief an Karoline, der württembergischen Amtsschaffners-Tochter, die herrschenden Ansichten recht schamlos zu benennen. Bei den Herders grassiere die falsche Gesinnung. *Diese Familienverhältnisse sollen einen Fürsten reizen, Kinder heranziehen zu helfen und zu versorgen …*

Das war ein staatlicher Strafakt, eine drastische und sehr einfache Lektion: Wer, wie der Briefschreiber, mit sich und der Welt in Frieden lebt, der wird nicht klagen müssen. Wer die schöne Dichterwelt gelegentlich an ihren eigenen Ansprüchen mißt, wer widerspricht, von Veränderung träumt im Hier und Jetzt, der aber hat nichts zu erwarten. Der wird zuletzt am Boden liegen, wie nun der Pastor Herder mit seinen Schulden. Am Schluß hat er Goethe angefleht, doch endlich selber adlig werden zu dürfen. Dem Mann ist das Rückgrat gebrochen. Eine bittere Parabel. Auch sie ist ein Stück klassisches Weimar.

Diese Stadt, hat Herder einmal gesagt, *dringt mir bis an Knochen und Nerven*. Wie fremd ist ihm in seinen letzten Jahren das 6000-Seelen-Dorf geworden, das für ihn nicht Kulturmetropole war, sondern ein kalter, zugiger Ort. Wohl nirgendwo anders *setzt man sich über zarte moralische Begriffe, ich möchte sagen über die Grazie unserer Seele, in Manchem so weit weg als hier, und damit entgeht dem armen Menschen der größte Reiz seines Lebens*. Anders gesagt: Dort kann es nur einer wie Goethe aushalten.

Der aber scheint den Frost um sich nicht mehr zu spüren. Als Goethe seinen Jugendfreund im Mai 1803 – ein halbes Jahr vor dessen Tod – ein letztes Mal sieht, ist in Herder die letzte freundliche Gefühlsregung erfroren. Ob ihm *Die natürliche Tochter*, sein Revolutionsstück, denn gar nicht gefalle, hat ihn Goethe da gefragt. Und Herder hat böse geantwortet: *O doch! Deine »Natürliche Tochter« gefällt mir besser als dein natürlicher Sohn*. Der Fall war erledigt und das Kapitel Herder geschlossen.

Frau von Stein aber lebte bis 1827. Mit ihr hat der Dichter ein eisiges Arrangement getroffen. Man sagt wieder »Sie« und kommt überein, einander nicht länger zu incommodieren. Sogar die finalen Dinge scheinen einvernehmlich geregelt. Als der gewesenen Traumfrau 1812 ihr geliebter Kanarienvogel verstirbt, schickt Goethe, dem das Ableben ein *ungünstiges Ereignis* ist, seinen Diener vorbei, damit der den Vogelbauer entsorge. Im Gegenzug wird sie Sorge dafür tragen, daß der Sarg mit ihrem Leichnam nicht am Hause des todesfürchtigen Freundes vorbeigeführt werde. Das Humanitätsideal in Goethes Weimar ist zumindest eines: praktisch.

**Goethe ist nicht bestimmt, das Wohltätige, was herzliche Verbindung geben kann, sich zu eigen zu machen. Ich beneide auch seine einsamen Stunden nicht, denn er muß doch manchmal eine dunkle Ahndung davon haben, daß es nicht gut ist, daß der Mensch allein stehe. Ich habe auch keine Sehnsucht nach seiner Nähe; mir ist gottlob! die Welt noch nicht wieder so eng gewesen als in seinen Zimmern!**

*(Ernestine Voss an Charlotte Schiller, 15. August 1805)*

# VI. Schiller, Hölderlin und Fichte

Ein kraftvoller Mann im Hoffrack blickt versonnen ins Weite. Vor sich hat er einen knorrig-deutschen Eichenstamm und zur Seite einen Kollegen: Schiller, den *Besten*, dem Goethe – in gewohnter Noblesse – den Lorbeerkranz reicht: *Gruß und Heil.* So, wie sie auf Rietschels Doppelstandbild vor Weimars Schauspielhaus posieren, haben sie sich ins Bewußtsein der Kulturnation eingegraben. Als überlebensgroße Lieblinge der Götter, als Fleischwerdung idealischer Freundschaft. Die Protagonisten selber hatten die Fährte gelegt. Nach dem großen Schulterschluß anno 1794 frohlockte Schiller über das *wohltätigste Ereignis meines ganzen Lebens*, Goethe spürte derweil ewigen Dichterfrühling, *in welchem alles froh nebeneinander keimte und aus aufgeschlossenen Samen und Zweigen hervorging.* Den tieferen Sinn des Denkmals versucht eine Erzplatte am Sockel zu schürfen: *Dem Dichterpaar Goethe und Schiller – das Vaterland.* Zwei deutsche Vordenker grüßen, allzeit bereit. Die Dioskuren, so der Germanist Emil Staiger, *verharren in ihrer unveräußerlichen Aufrichtigkeit.* Helm ab zum Gebet!

Dabei war die beschworene Freundschaft – zumal von Schillers Seite aus – bisweilen brüchig. Goethes *elende häusliche Verhältnisse* waren ihm in tiefster Seele zuwider. Kein Wunder, daß er Charlotte von Stein um eine Kopie ihrer dramatischen Schmähschrift *Dido* bat: *Sie sollen es nie bereuen, dieses liebe Lied selbst in meine Hand gelegt zu haben.* Später dann hat sich Schiller bemüht, den Anti-Goethe bei Verleger Cotta drucken zu lassen. War da nicht ein Satz in diesem Traktat, der ihn auch in Hinblick auf seine Verbindung mit Goethe nachdenklich stimmen mußte? *Gelübde tun wir uns selber und können uns auch wieder selbst davon entbinden.*

Dennoch, die Existenz ihrer Zwei-Einigkeit scheint im bürgerlichen Bildungskatechismus festgeschrieben. Alles sei, seufzt der weise Hans Mayer, *überwachsen vom Unkraut des Heroenkults, den die Anbeter des Harmoniedenkens in Gesellschaft, Politik und Kunst ausgiebig und planvoll gezüchtet haben.* Gewiß, man kann sie auch lesen, vor allem aber muß man glauben an sie. Darf man die beiden überhaupt ohne einander denken? Oder ist Schiller ohne Goethe wie Peek ohne Cloppenburg, wie Marx ohne Engels – kurz: unvorstellbar!

Es hat das Kaiserreich überlebt, die Weimarer Republik, den braunen Terror, den real existierenden Sozialismus: jenes legendenumrankte Doppelwesen, das der Literaturwissenschaftler Alfred Klar bereits 1898 beschwor. *Wenn der Deutsche Goethe und Schiller sagt, so denkt er an den ganzen Bildungsschatz seines Volkes, nicht an zwei, sondern an Eines... Die ehrliche Bewunderung deutscher Kultur hat sich an diese Namen wie an einen Sammelnamen geheftet.* Da vergessen wir lieber, daß es Goethe, wie Knebel berichtet, *bei Schillers Stücken niemals über den vierten Akt habe aushalten können.* Die Symbiose läßt sich also durchaus schlichter fassen, etwa so wie 1965 in Peter Rühmkorfs Sammlung über das Deutsche Volksvermögen verankert: *Goethe sagt zu Schiller: / Hol aus dem Arsch nen Triller. / Schiller sagt zu Goethe: Mein Arsch ist keine Flöte.*

Ob nun als Heldensage oder als Mythos des Trivialen – in den Köpfen der Nachgeborenen geistert bis heute die vornehme Vermutung, Goethe sei zumindest einmal ein grandioser Freund gewesen, selbstlos, der Emotion, ja sogar der Trauer fähig. Wie ungewohnt human hat er 1805 den Tod des Freundes kommentiert ... *Ich dachte mich selbst zu verlieren, und verliere nun einen Freund und in demselben die Hälfte meynes Daseins.* Bei der Beerdigung indes hat er sich wegen Krankheit entschuldigen lassen. Ob ihn am Ende das schlechte Gewissen plagte? Noch zwei Wochen vor dessen Tod hat er Schiller mit kleinen Dienstanweisungen gequält. In der Farbenlehre solle er lesen, eine Notiz des Meisters nach Durchsicht gen Leipzig expedieren und sich vor allem mit einer leidigen Angelegenheit befassen, die seit geraumer Zeit für Mißstimmung sorgt. Über 20 Nachauflagen Goethescher Werke hat Verleger Göschen gedruckt. Und keine einzige mit dem Autor abgerechnet. Schiller soll's richten. Wer im Bett liegt, hat Zeit. *Ihre Freundschaft und Einsicht in das Geschäft überhebt mich die unerfreulichen Papiere gegenwärtig durchzusehen.* Im übrigen darf er sich, krank wie er ist – die Lunge vereitert, der Herzmuskel zerstört –, am Wohlbefinden des olympischen Mitstreiters erfreuen. *Übrigens geht es mir gut, solang ich täglich reite.*

Hat er den Freund in seinen letzten Tagen besucht, als sich dessen Lungenentzündung verschlimmerte, der Patient kaum noch atmen konnte? Vom Frauenplan zum Haus an der Esplanade sind es keine 500 Meter. Es sei ein Trauerspiel, daß *Ihr Zuhausebleiben kein freiwilliges ist*, hat ihm Goethe schon im Januar geschrieben. Er weiß um Schillers trostlosen Zustand. Aber er hat keine Zeit. Er ist unabkömmlich; er verteilt seine Werke gerade auf die zwölf Bände der geplanten Gesamtausgabe. Und wartet ansonsten ungeduldig auf den Spargel, der in dieser Saison nicht recht wachsen will. Am späten Nachmittag des 9. Mai stirbt Schiller. Christiane Vulpius will ihrem Rat nicht den Schlaf rauben und überbringt die Todesnachricht erst am kommenden Vormittag.

Noch im Greisenalter wird Goethe in immer neuen Elogen des Freundes gedenken. Der habe ihn *in den freien Garten des Lebens* gerufen, und die über tausend Briefe, die sie hin- und hergewechselt hatten, seien *der größte Schatz, den ich vielleicht besitze*. Ein Schatz freilich, den er mit niemandem zu teilen gedachte. Nicht einmal mit Schillers rechtmäßigen Erben. Als Goethe sich nach langem Zaudern entschloß, den Briefwechsel zu edieren, wurde im März 1824 schriftlich fixiert, der Ertrag werde *zwischen beyden Theilen gleich getheilt*. Das hieß 50 Prozent für ihn, 50 Prozent für die Familie Schiller, für Charlotte und die vier Kinder, denen es allen ökonomisch nicht sonderlich gut ging. Goethe preist den Kontrakt mit Cotta und harft sogleich ein Lied der Freude, *daß ein so bedeutendes Geschäft uns Gelegenheit geben wird alter Zeiten nicht nur zu gedenken, sondern sie auch thätig wieder hervorzurufen*. Unter dem Strich stehen pro Partie 5000 Reichstaler in Aussicht. Zweieinhab Jahresgehälter von Minister Goethe. Eine Menge Geld.

Doch der Dichter zaudert, überlegt, ob die Briefe am Ende *noch Lebende oder die Freunde kurz Verstorbener nothwendig verletzen würden*. Dringliche Fragen bedürfen der Klärung. Was etwa tun mit dem eigenen Schreiben vom 2. Mai 1798 … *Herr Posselt täglich den blossen Hintern zum Fenster hinaus reckt*. Das Nachdenken zieht sich hin. Schillers Erben drängen auf Vollzug. Sie brauchen das Geld. Da macht Goethe am 10. Mai 1825 einen wahrlich generösen Vorschlag, den zu unterbreiten ihm *Vergnügen* bereitet. Um das große Projekt nicht unter Zeitdruck zu stellen, werde er – *im Sinne der alten unverbrüchlichen Freundschaft* – der Familie aus eigener Tasche einen Vorschuß von 2000 Talern zahlen. Spätestens Ende September. Ein großes Versprechen. Ein Ehrenwort. Allein, er hat es niemals eingelöst. Ernst von Schiller, der jüngere Sohn, Gerichtsassessor in Köln, mahnte – freundlich zunächst. Goethe überließ die Antwort seinem Sohn August. Das Manuskript sei in wenigen Monaten druckfertig. Eine Vertröstung mehr. Er hat, schreibt Ernst von Schiller, wieder einmal *Goethische Ausflüchte gemacht.*

Siegfried Unseld hat den Fall in seiner Studie über *Goethe und seine Verleger* genau rekonstruiert – und dabei aufgezeigt, daß sein großer Hausautor sehr wohl in der Lage gewesen wäre, die verbindlich zugesagten Taler anzuweisen. Davon hatte er genug. Aber: *Er wollte nicht zahlen.* Und die Ausgabe fertigstellen, das wollte er auch nicht. Der Schiller-Sohn will ihn verklagen. Die Angelegenheit publik machen. Charlotte Schiller, die Mutter, ist vor ein paar Wochen, am 7. Juli 1826, gestorben, an den Folgen einer Augenoperation. Vielleicht wäre sie noch am Leben, wenn das Geld gereicht hätte, einen anderen Operateur zu konsultieren. In einem Brief an Bruder Karl formuliert Ernst seinen ganzen Zorn. *Goethes Mitwelt* müsse erfahren, mit wem sie es zu tun habe, wie *abscheulich* sich *der angebliche Freund unseres Vaters* verhalte: *daß der nun reiche Mann Verbindlichkeiten gegen die bedürfenden Hinterbliebenen zu erfüllen ablehnt, die auch der Bettler, wenn er redlich ist, nach Kräften zu erfüllen sich bestrebt.*

Dann aber scheint sich Karl des väterlichen Glaubens ans hohe Ideal der Bruderliebe zu erinnern. Vielleicht solle man, statt zu prozessieren, doch lieber ans Gute glauben. Der hartleibige Schuldner werde sich am Ende gewiß eines besseren besinnen: *Goethe wird sich schämen und zahlen.* Doch von dem gab's keinen Groschen. Drei weitere Jahre vergingen, bis sich der Dichter – nun selbst in gewissen finanziellen Kalamitäten – aufraffte, den Namen Posselt in genialer Verknappung durch ein schlichtes *P.* zu ersetzen und den tausend Briefen eine untertänige Grußadresse an den Bayernkönig Ludwig I. voranzustellen.

Ein aberwitziger Text. *Mit dankbarem Herzen* malt Goethe sich all die Wohltaten aus, die der *Allerdurchlauchtigste* dem Freunde Schiller hätte angedeihen lassen. Paradiesische Zustände! Keine häuslichen Sorgen mehr, dafür ein heilsames Klima am Fuße der Alpen (hat der Hobby-Meteorologe, der sich noch für die Barometerstände in Brasilien interessierte, nie etwas vom Münchner Föhn gehört?). In blau-weiß-blauen Gefilden, so müssen wir lesen, wäre der Dichter des Don Carlos in seine Wesenheit getreten, Ludwig I., *dem höchsten Gönner selbst zu fortwährender Freude.* Was der Lobredner unerwähnt läßt: Es hätte keines Königs bedurft, um dem Gefährten das *Dasein durchaus zu erleichtern.* Mehr als vierzig Jahre zuvor hat Goethe seinem Damals-Noch-Nicht-Freund eine Professur in Jena verschafft, freilich *ohne Besoldung und Emolumente.* Schiller lehrte – und bekam kein Salär.

Goethe versteht es, sein Gewissen zu beruhigen: Der Regent von der Isar, der einmal Großvater eines Märchenkönigs werden sollte, hätte gewiß all das getan, was er, der Lebensabschnittsgefährte, leider versäumte. Ein wahrlich erhabener Trost.

Versiert arbeitet sich Goethe am 18. Oktober 1829 vor ins erlauchte Gedärm, dort *mit unverbrüchlicher Dankbarkeit lebenswierig verharrend.* Die Edition ist vollendet. Nun zahlt der Verleger. Doch Schiller, der Rebell und gestandene Freiheitskämpfer, hätte vermutlich nach einem Speikübel verlangt. Der alte Kämpe hat die Briefe benutzt, um sich bei Königs zu empfehlen. Doch der Freundschaftsdienst zeugt von Konsequenz. Indem Goethe einem deutschen Landesfürsten beredtes Zeugnis über Schiller gibt, kehrt er, wie jüngste Forschungsarbeiten beweisen, zum Ursprung dieser schwer begreiflichen Verbindung zurück.

Im Juni 1794 hatte der Professor Friedrich Schiller dem *hochzuverehrenden Herrn Geheimer Rat* Johann Wolfgang von Goethe recht pompös die Herausgabe einer neuen Zeitschrift angekündigt und den Dichterkollegen, der sich gerade mit dem Abschluß des zweiten Buchs von *Wilhelm Meister* quälte, freundlichst gebeten, das Projekt namens *Die Horen* mit eigenen Beiträgen zu beehren. Goethe nimmt an, gelobt *mit Freuden und von ganzem Herzen von der Gesellschaft* zu sein. Doch sprach hier der Schriftsteller – oder sprach hier der auch mit Fragen der inneren Sicherheit befaßte Minister?

In Schillers Jena, der zweitgrößten Stadt des kleinen Herzogtums, ging es umtriebig her in diesen Jahren. Aufruhr unter den Studenten. Blutige Straßenschlachten. An der Universität probte man Revolution und Gegenrevolution nach französischem Vorbild. Der Ort ist selbst am russischen Zarenhof als Zentrum des Umsturzes verschrien. Einst sei ihm Leipzig wie Klein-Paris erschienen, hat Goethe schon 1790 gesagt, *Jena verdiente jetzt wohl eher diesen Namen.* Das Geheime Conseil zeigte sich durchaus besorgt, nicht nur über den akademischen

Nachwuchs, sondern erst recht über die rebellische Gesinnung manch eines Gelehrten. Vertrauliche Informationen, *was Fichte für ein schlimmer Jakobiner sei, der in einem Collegio gesagt habe, in 10 bis 20 Jahren werde es keinen König oder Fürsten mehr geben.* Die ach-so-liberale Regierung im klassischen Weimar verfügte, wovon zu reden sein wird, über ein dichtes Netz von Spitzeln.

Just in dieser Situation – der Denunziations-Bericht in Sachen Fichte wurde am 15. Juni 1794 erörtert – traf Schillers Einladung aus Jena ein, in der ausdrücklich vermerkt war, daß sich unter den Herausgebern der *Horen* ebenfalls der inkriminierte Philosoph Johann Gottlieb Fichte befand. Und auch Schiller, zumindest in den Revolutionsanfängen ein Anhänger der französischen Ideale, galt als nicht unverdächtig. Wie oft haben Jenas Studenten sein Lied aus den *Räubern* geschmettert, wenn's zur großen Randale ging: *Ein freies Leben führen wir, ein Leben voller Wonne...* Welch Chance tat sich da auf: einen der einflußreichsten Staatsmänner des Landes – getarnt als Beförderer einer hochkulturellen Unternehmung – im Zentrum der vermuteten Subversion zu installieren. Goethe soll berichten. Vielsagend schreibt Kabinettskollege Voigt bereits am 18. Juni: *Goethe wird künftig mehr und länger in Jena sein.* Dort wird ihm im Schloß ein Arbeitsplatz eingerichtet, auf daß er der Zielperson ganz nahe komme.

Karl-Heinz Hahn, einst Leiter des Goethe- und Schiller-Archivs zu Weimar, hat dokumentiert, wie der seinem Titel alle Ehren machende Geheimrat die Dichter-Freundschaft in staatlichem Auftrag nutzte; daß er *nicht als Privatmann, sondern als Staatsminister wirksam wurde.* Mehr noch, dem renommierten Forscher aus der einstigen

DDR gelang eine weitreichende Entdeckung: Goethe ließ von seinem Schreiber den Brief, in dem er Schillers Einladung zur Mitarbeit annahm, noch einmal auf graues Aktenpapier kopieren. Ebenso wie einen Brief an Fichte, den er am gleichen Tag, dem 24. Juni, diktiert hatte. Offensichtlich war die Absicht, schreibt Hahn, *zwei gesonderte Aktenvorgänge anzulegen, eine Akte Schiller und eine Akte Fichte, Zeugnis dafür, daß dem Beamten und Staatsminister Goethe jene neue Verbindung mit Jena zunächst und vor allem als ein amtlich zu dokumentierender Geschäftsvorgang erschien.*

Da wurde – nur wenig verklausuliert – eine Ungeheuerlichkeit vermeldet: Schiller, ausgespäht von IM Goethe! Daß die Akte bald fallengelassen wurde, macht die Angelegenheit kaum besser. Hätte der Observierte um das vornehmlich operative Ansinnen seines Gegenübers gewußt, vermutlich wäre die Korrespondenz der beiden nie über ihre Anfänge hinausgekommen. *Euer Hochwohlgeboren gehorsamster Diener und aufrichtigster Verehrer*, als der Schiller anfangs grüßte, hätte geschwiegen.

Das haben dann statt seiner die postumen Verehrer Goethes getan. Es ist bezeichnend, daß Hahns Funde, publiziert 1979 im Jahrbuch des Wiener Goethe-Vereins, nicht die leiseste Wirkung zeigten. Kein Wort über die perfiden Grundlagen des Dichterbundes im groß gefeierten Goethe-Jahr 1982. Kein klassischer Exkurs angesichts der Stasi-Diskussion in der deutsch-deutschen Nachwende-Zeit. Nicht einmal eine kleine Ergänzung im Vorwort zum Briefwechsel. Wer zu Goethe betet, schließt die Augen.

Und was des Dichters Beteuerungen von Liebe und Zuneigung betrifft, die Tränen 1826 im Anblick des

Schillerschen Schädels: da scheint es *räthlich*, sich auf den Artikel *Freundschaft* im Wörterbuch der Gebrüder Grimm zu besinnen, der gleich am Anfang einen Spruch des weisen Salomon zitiert. *Wer Sünde zudeckt, der macht Freundschaft.* Und da die Sünde groß war, wurde es die Freundschaft auch. In ihrer Verklärung zumindest.

Immerhin, er hat Schiller wahrgenommen. Wozu allerdings nicht viel gehörte. Denn, so Hans Mayers lakonische Formel, *Schiller ist erfolgreich. Goethe ist es nicht.* Als Goethe 1794 zur näheren Kontaktaufnahme schritt, war der Dichter der *Maria Stuart* ein gefeierter Bühnenautor. Der Geheimrat konnte dem wenig entgegensetzen. Allenfalls Macht. Seit dem Jubel um den *Werther* waren zwanzig Jahre vergangen. Als geheimdienstliche Quelle, hat der Minister wohl bald feststellen müssen, war der Mann aus Jena zwar kaum zu gebrauchen, aber doch nützlich in ganz anderer Hinsicht: *Sie haben mir eine zweyte Jugend verschafft, und mich wieder zum Dichter gemacht, welches zu seyn ich so gut als aufgehört hatte.*

Aber weh dem, der nichts Vergleichbares anzubieten hatte, wie jener 24jährige Hofmeister, der Goethe im November 1794 im Hause Schillers begegnete: Friedrich Hölderlin. Wie oft hat er sich vorgestellt, der schlechtbezahlte Hauslehrer des verzogenen Majorsohns Fritz von Kalb, welch herzwärmendes Erlebnis es wohl wäre, wenn ihm der legendenumrankte Minister einmal leibhaftig erschiene. Und nun steht er vor ihm, spricht kein Wort, blättert selbstversonnen in einem Kapitel des *Hyperion*, das ihm Schiller vom Regal aus dem Nebenzimmer gebracht hatte. Wahrlich: ein klassischer Moment. Doch Hölderlin weiß nicht, wen er vor sich hat. Er kennt Goethes Antlitz ja nur von einigen Zeichnungen. Wie schön und erhaben sah er da aus! Der Fremde in Schillers guter Stube aber hat – wie von Böttiger beschrieben – *fast alles von seiner schlanken Apollofigur durch das sich überall ansetzende Fett verloren. Er extendiert sich täglich, und seine Augen sitzen im Fett der Backen.*

Erst Tags darauf erfährt Hölderlin von der Identität des Kolosses. *Der Himmel helfe mir, mein Unglück, u. meine dummen Streiche gut zu machen*, wird er an Freund Neuffer schreiben. Ein frommer Wunsch, mehr nicht. Goethe, der als 29jähriger zu bemerken glaubte, *nicht zu dieser Welt gemacht* zu sein, ist gewohnt, daß man ihn kennt und aufschaut zu ihm. Er wird den Hofmeister mit Nichtachtung strafen. Gewiß, er hat ihm bei einem Besuch der Familie von Kalb ein paar Worte geschenkt, auch in Gegenwart Schillers darf ihn Hölderlin noch einige Male bestaunen. Aber daß da ein großer Dichter in seiner Nähe war, hat Goethe nicht interessiert. Im Tagebuch keine Zeile. Vielleicht konnte der junge Mann schreiben, doch er hatte ob eines dummen Mißgeschicks versäumt, den Hut zu lüften.

30 Monate vergehen. Dann schickt Schiller seinem Brieffreund zwei Gedichte zur Begutachtung. Er selbst sei ein wenig befangen in dieser Sache, weil *mein Rat und Wink auf den Verfasser Einfluß haben wird.* Er schätzt und stützt den konschwäbischen Dichter, dessen Namen er wohlweislich nicht nennen mag. Schon zwei Tage später erhält er Antwort. Nein, *ganz ungünstig* ist Goethe, der gerade in *Hermann und Dorothea* mit der Französischen Revolution abrechnet, den Poemen nicht gesonnen. In beiden seien *gute Ingredienzien zu einem Dichter, die aber allein keinen Dichter machen.* Der Verfasser, so läßt er über Schiller ausrichten, möge es doch einmal mit einem

*idyllischem Faktum* versuchen. Die Schönheit der Welt solle er beschreiben. Goethe, der in der Kunst – wenn auch nicht im Leben – auf Versöhnung und Harmonie bedacht war, müssen die eingereichten Verse verstört haben.

*Töricht treiben wir uns umher; wie irrende Rebe,*
*Wenn ihr der Stab gebricht, woran zum Himmel sie aufwächst,*
*Breiten wir über dem Boden uns aus und suchen und wandern*
*Durch die Zonen der Erd, o Vater Aether! vergebens …*

Für einen Mann, der freimütig bekannte, er würde *lieber eine Ungerechtigkeit begehen als eine Unordnung ertragen*, waren diese apokalyptisches Chaos beschwörenden Hexameter die Hölle. Das Werk eines Wilden. Revolution! Trotzdem ist Goethe – auf Drängen von Schiller – schließlich gewillt, den Verfasser noch einmal selbst zu empfangen. Wieder einmal große Hoffnungen. *Herzklopfen.* Goethe, der Allmächtige, könnte ihn aus seinem würdelosen Hofmeister-Dasein befreien. Sein literarisches Fortkommen befördern. Aber er kann eben auch Karrieren verhindern.

Im August 1797 sind sie beide in Frankfurt. Der eine führt seine Mutter in die Komödie aus, der andere verdingt sich als Hauslehrer bei der Bankiers-Familie Gontard. Viel zu sagen haben sie sich nicht, sie leben in verschiedenen Welten. Aber am Ende ihrer kurzen Unterredung wird der eine dem anderen raten, fortan doch besser *kleine Gedichte zu machen*. Der eine wird tags darauf an Freund Schiller schreiben, den Namen seines Besuchers – bewußt oder unbewußt – ins Diminutive herabsetzend. *Gestern ist Hölterlein bey mir gewesen* (Emil Staiger hat es in seiner Edition des Briefwechsels unkommentiert korrigiert – was ist philologische Sorgfaltspflicht gegen die Liebe zum Meister!). Der andere wird den Namen Goethe nie wieder erwähnen.

Ob es einzig die Verse waren, die dem Staatsdichter mißfielen? Oder hegte er Verdacht gegen die Gesinnung ihres Verfassers? Hölderlin hat aus seinem Jakobinertum nie einen Hehl gemacht, immer wieder von Fichte, der *Seele von Jena*, geschwärmt und sich ein Gartenhaus geteilt mit dem revoltierenden Studenten Isaak von Sinclair, der im September 1795 in einem aufsehenerregenden Verfahren als Rädelsführer der Universität verwiesen wurde. Es ist sehr wahrscheinlich, daß Goethe, von Amts wegen mit den Vorgängen an der Alma mater befaßt, von Hölderlins Verbindungen ins revolutionäre Lager recht genau wußte.

Wozu schließlich gab es die vielen bezahlten Kundschafter, die dem Geheimen Conseil in ausführlichen Dossiers aus Jena berichteten. Studenten, die sich ihren Lebensunterhalt mit Denunziation verdienten. Angeheuert wurden sie meist von den Pedellen, bezahlt und geführt aber vom Ministerrat in Weimar. Auch über dieses düstere Kapitel schwieg die Goethe-Forschung über 150 Jahre. 1999 hat sich ein amerikanischer Germanist, Daniel W. Wilson, an das *Goethe-Tabu* herangewagt und anhand einiger Aktenstücke, deren Publikation aus durchsichtigen Gründen unterblieben war, akribisch aufgezeigt, wie sehr *Goethe in Spitzelangelegenheiten verwickelt* war, in *die Einschränkung und Verletzung von Menschenrechten.*

Schon 1792 hatte er in einem Dossier an seinen Kollegen Voigt – eine Anregung des Herzogs aufgreifend –

dafür plädiert, *wegen der Jenaischen heimlich fortdauernden Unruhen … genaue Erkundigung* anzustellen und der *Wahrheit* auch durch die *ein oder andre baare Auslage näher zu kommen.* Der bewährte Verwaltungsjurist soll weitere Zuträger einkaufen. Nach Auswertung der Dokumente hegt Wilson nicht den leisesten Zweifel, daß Goethe *über die geheimsten Absichten und Pläne der Studenten informiert war.*

Den Freund observiert, an der Universität ein Spitzelsystem aufgebaut: Da wurde der 5. Gesang aus *Hermann und Dorothea* zum autobiographischen Bekenntnis. *Sahen sie rechts und links sich um, die gesendeten Späher …* Goethe, als Urvater der Staatssicherheit, als erster Mitarbeiter einer Firma namens Guck und Horch – auch so kann man ihn feiern.

Der konspirative Apparat jedenfalls leistete verläßliche Arbeit – nicht nur im Hinblick auf die renitenten Studenten. Auch die Herren am Katheder wurden von Goethes Leuten kontinuierlich überwacht, am genauesten Professor Fichte natürlich, die Reizfigur. *Der wunderliche Kauz.* Ein Kraftmensch mit sturm- und drängenden Zügen. Der junge Gelehrte, 1762 als Sohn eines Bandwirkers geboren, war geliebt und gefürchtet als genialer Exzentriker. Mit reichlich Verve (und in einem stets bis auf den letzten Platz gefüllten Hörsaal) hat der Philosoph die Subjektivität zum Maßstab aller Dinge erhoben … *Wähle dich selbst zu deinem vertrautesten Gesellschafter.* Dem hätte Goethe gewiß zustimmen können. Werther alias Wolfgang hatte bekanntlich Ähnliches formuliert … *Ich kehre in mich selbst zurück und finde eine Welt.* Und auch in reiferen Jahren hat er gerne gesagt, daß es sein größter Wunsch sei, nur für sich *im Innern zu leben.*

Und doch war mit Fichte eine *engere Verbindung nicht zu denken*. Denn der hat seine Vision vom persönlichen Glück nicht nur für eine Handvoll empfindsamer Künstler wie ihn, den Incommensurablen, geträumt. Der betrachtete das Recht, sich *im geheimsten Winkel des Herzens selbst zu finden* – ganz im Sinne der Ideale der Französischen Revolution –, als ein Gut, das von einem jeden eingeklagt werden durfte: Freiheit, Gleichheit, Brüderlichkeit. Den Mann galt es operativ zu traktieren: Der war ein Demokrat!

Gewiß, als Mitglieder einer studentischen Vereinigung 1795 dem Denker die Fenster einwarfen, hat sich Goethe schützend vor ihn gestellt. Wenn auch nur in seiner Funktion als Minister. Der Schriftsteller indes hatte für Fichtes Lage nur Spott: *Sie haben also das absolute Ich in großer Verlegenheit gesehen, und freilich ist es den Nicht-Ichs sehr unhöflich durch die Scheiben zu fliegen. Es geht ihm aber wie dem Schöpfer aller Dinge, der auch mit seinen Kreaturen nicht fertig werden kann.* Die Briefzeilen an den Kollegen Voigt unterstreichen, wie der zuständige Minister seinen Fichte sah: als gefährlichen Verführer des akademischen Nachwuchses, der nun, o Fluch der bösen Tat, den Geistern, die er rief, nicht mehr Herr wird. Noch ist es Schadenfreude, bald aber schon unverhohlene Repression. Einschüchterung von Staats wegen, so wie mit Herder geprobt.

Vom Herzog zu deutlichen Worten an *jene Schäkers* gedrängt, an Fichte besonders, *der uns die Universität ruiniert*, nutzt Goethe die erste Gelegenheit, um sich des unbotmäßigen Gelehrten zu entledigen. Carl August hatte zwar nur von *Ermahnungen* gesprochen, aber Mäßigung im Umgang mit vermeintlichen Gegnern ist nun einmal nicht Sache des Geheimrats, der sich einmal mehr seines rabiaten Schüler-Schwures erinnert haben wird: Ohren ab – und durch!

Gleich zweimal – im Spätherbst 1798 und, ergänzend, ein Vierteljahr später – hatte sich Fichte erlaubt, öffentlich *über den Grund unseres Glaubens an eine göttliche Weltregierung* nachzudenken. Der Aufsatz war gewiß nicht das Werk eines Ketzers; der im Ausland als Deutschlands neuer Luther verehrte Professor hat nur ein wenig darüber sinniert, ob es dem Glauben zuträglich sei, wenn die Religion und ihre Repräsentanten mit dem Prinzip von Lohn und Strafe arbeiteten. Einschüchterung war für einen Freigeist wie ihn weder ein Weg zu guten Taten noch zu *Ruhe und innerm Frieden.* Im Gegenteil: Wer einem strengen, strafenden Gott das Wort rede, habe allenfalls *das Verdienst, mangelhaften Policeyanstalten nachzuhelfen.*

Derlei las man in Weimar nicht gern. Und erst recht nicht im benachbarten Herzogtum Sachsen. Dort protestierte Kurfürst Friedrich August energisch, ließ die Fichteschen Auslassungen konfiszieren und verlangte, den Verfasser, den er des offenkundigen Atheismus zieh, *ernstlich bestrafen zu lassen.* Ansonsten sei mit Konsequenzen zu rechnen. Dauere das Unwesen an, werde man fortan den sächsischen Landeskindern untersagen, die Universität Jena zu besuchen. Der sächsische Serenissimus operierte mit Erpressung. Das Kabinett um Goethe reagierte, besorgt um wirtschaftliche Einbußen. Schließlich machten die 900 Studenten, von denen nur wenige aus Sachsen-Weimar kamen, ein Sechstel der Bevölkerung Jenas aus und waren so ein zentraler Wirtschaftsfaktor der Stadt. Überdies, die Universität brauchte Kolleggelder und Studiengebühren. Ein Boykott wäre kaum zu verkraften. Die Angelegenheit ist entschieden. Fichte bekommt seine Entlassungspapiere. Den Laufpaß. Wie knapp ein Vierteljahrhundert zuvor der arme Lenz.

Und wie damals ist Goethe Motor der staatlichen Strafaktion. Über Jahre hat er Stimmung gemacht. Der kann, hatte Schiller 1795 an Fichte geschrieben, *nicht gerecht gegen Sie sein, der taugt nicht, Ihre Partei zu ergreifen.* Was Goethe nun unter Beweis stellt. Mit wahrhaft sadistischer Freude stellt er sich vor, wie es dem Geschaßten ergehen wird. Seine Lage *werde zu seinen übrigen Fratzen noch Bitterkeit hinzufügen.* Er triumphiert. Da hat er wieder einmal einen zu Boden gestreckt! Sein Urteil ist unumstößlich. Als Fichte, seiner Lebensgrundlage beraubt, um Gnade fleht, zeigt Goethe, der Vordenker des Berufsverbots, altbewährte Kälte. Der suspendierte Hochschullehrer sei zwar *einer der vorzüglichsten Köpfe, aber für sich und die Welt verloren.* Das klingt nach Schicksal. Fichte aber hatte eine ganz andere Erklärung: *Sie verfolgen in mir einen Freidenker, der anfängt, sich verständlich zu machen, und einen verschrienen Democraten: es erschreckt sie, wie ein Gespenst, die Selbständigkeit, die, wie sie dunkel ahnen, meine Philosophie weckt.*

Der mutige Mann besteht darauf, daß ihm der Geheimrat persönlich seine Entlassungsurkunde aushändigt. Der hat ihn – so hat es Goethe selbst in seinem ganzen Hochmut formuliert – *aus einer Existenz hinausgeworfen, die er in seinem ganzen Leben nicht wieder finden* werde. Jetzt aber soll er ihm wenigstens noch einmal in die Augen schauen! Sehr angenehm wird das nicht gewesen sein. Goethe läßt, als die *kleine Sache* erledigt ist, alle seine Mitwirkung untermauernden Dokumente vernichten. Wie gehabt! Aber ein privater Brief vom 30.8.1799 verrät seine Intentionen: Fichte sei der staatlichen Macht mit *töriger Anmaßung* begegnet. Der Atheismus-Streit war allenfalls ein Vorwand. Die Sache mit Gott hat er ja selbst nie sonderlich genau genommen und Freund Herder schon im Mai 1775 zugerufen: *Wenn nur die ganze Lehre von Christo nicht so ein Scheisding wäre!*

Nein, seine harte Sanktion galt keinem klerikalen Ketzer, sondern einem unangepaßten Geist, der sich, anders als er, politischer Herrschaft nicht unterordnen wollte. Der auch einem Fürsten widersprach. Lautstark, gern und oft. Deshalb erhielt er von Goethe den Abschied: *Ich für meine Person gestehe gern, daß ich gegen meinen eigenen Sohn votieren würde, wenn er sich gegen ein Gouvernement eine solche Sprache erlaubte.* An welches Votum mag er denken? An das Votum gegen Anna Catharina Höhn? Schweig still, duck dich, sonst wird es schrecklich! Das ist die Lehre seines Lebens. August, der Sohn, wird an dieser Lektion einmal krepieren.

Fichte aber hat Goethes finstere Pädagogik überlebt. Der besteigt in Berlin, wie Ernst Bergmanns Aufsatz von 1915 nicht frei von Bewunderung bemerkt, *die Rostra der Weltgeschichte, neben der das Jenenser Katheder wie ein Spielzeug verschwindet.* Der Unruhestifter von einst wird zum gefeierten Redner der Nation. Zum Verkünder des deutschen Einheitsgedankens. Ihn hat er nicht zum Krüppel schlagen können. Der war, wie Klinger, so frei, den Anschlag auf seine Person zu überleben. Davor hat selbst Goethe Respekt. Als ihm Fichte im Sommer 1810 auf der Kurpromenade zu Teplitz begegnet, wird der Dichter aus Weimar gar eine kleine Verbeugung machen und dann zu Freund Zelter sagen: *Da geht der Mann, dem wir alles verdanken.*

Einen Moment scheint er aufzuschauen zu seinem einstigen Opfer. Fichte hat Glanz. Fichte hat Größe. Und lebt weit weg an der Spree. Ein knappes Jahr später wird er der erste gewählte Rektor der neugegründeten Berliner Universität sein. Mit dem läßt sich Staat machen, im Gegensatz zu Lenz, Merck oder dem kleinen Hölterlein. Wie Goethe seine Zeitgenossen zu sortieren versteht, in Starke und Schwache, in Lichtfiguren und Schattenexistenzen, in Über- und Untermenschen! Dem jungen Schiller hat es gegraust vor ihm: *Ein solches Wesen sollten die Menschen nicht um sich herum aufkommen lassen.*

**Liebe hat ihm immer gefehlt … Der wahre Grund dazu ist doch wohl das früh in ihm waltende schaffende Genie und die Phantasie gewesen. Wo sich die Natur einen solchen eigenen und inneren Weg bahnt, da wird es wohl unmöglich, sich einem anderen Wesen in der Wirklichkeit uneigennützig hinzugeben, und ohne das ist keine Liebe denkbar … Ich glaube nicht, daß außer den Stunden und Zeiten des glücklichen Hervorbringens Goethe eigentlich glücklich oder reich in sich beschäftigt ist.**

*(Wilhelm von Humboldt an seine Frau, 16. August 1819)*

# VII. Christiane von Goethe, Heinrich von Kleist

Einmal hat er sich vergessen. Front gemacht gegen die Normen und Tabus der Ständegesellschaft, die alle Welt unversöhnlich in ein Oben und ein Unten zerteilte. Noch berauscht von der großen Freiheit der italienischen Reise, durchbricht Goethe im Sommer 1788 die Schranken, deren verläßlicher Wärter er seit seiner Ankunft im Herzogtum gewesen war. *Es ist gefährlich, wenn man allzu lang / Sich klug und mäßig halten muß.* Künstlergefühle! *Iphigenie* und *Egmont* vollendet, *Tasso* auf gutem Wege. Welch ein Ertrag! Und jetzt soll er sich wieder eingewöhnen – als Minister! Der Gedanke bedrückt ihn. In den ersten Wochen nach seiner Rückkehr schert es ihn einen Teufel, was künftig opportun sein könnte für das eigene Fortkommen und was nicht. Rom hat ihn *biß aufs innerste Knochenmarck verändert.*

Auch Weimar sieht er jetzt ganz anders. Im Juli ist ihm ein 23jähriges Mädchen über den Weg gelaufen, frisch und kräftig blühend, kindlich und erquickend heiter. Sie kommt aus ärmsten Verhältnissen. Der Vater war ein in Unehren entlassener Amtskopist, dem der Herzog gnadenhalber ein Salär von 12 Talern pro Jahr gewährte. Das entsprach rund 0,7 Prozent der Summe, mit der Goethe – bei freier Wohnung – wirtschaften konnte.

Damit die Familie nicht verhungert, arbeitet die junge Frau aus der Luthergasse als Putzmacherin in einer Seidenblumenfabrik. Johanna Christiana Sophia Vulpius.

Einen Bittbrief für ihren Bruder, den Gelegenheitsschriftsteller Christian August, will sie dem Minister überreichen. Vermutlich hat sie Tage auf ihn gewartet. Irgendwo in einer der Gassen, die ihn mittags zur fürstlichen Tafel führen. Oder, mag sein, auch im Park an den Auen der Ilm, durch die er gelegentlich spaziert. Es gibt viele Legenden, gesichert ist einzig der Umstand: Christiane wurde erhört, nicht nur was den mittellosen Bruder betraf, den Autor von *Blondchens Geschichte*.

Für die nächsten 28 Jahre wird sie mit Goethe leben. Und so lange auch wird sich Weimars bessere Gesellschaft das Maul zerreißen über die unbotmäßige Verbindung. Über die ohne Anflug von Scham ausgeführte Konkubine zunächst, dann ab 1806 über der Exzellenz tanzwütiges *Frauchen*. Charlotte von Stein, die ihre Eifersucht zelebriert, übt sich dabei noch in vornehmer Zurückhaltung. Sie spricht von einem *Kreatürchen*, von *einem dummen häuslichen Verhältnis*, von einer dem Meister eben *bequemeren Donna*. Karoline Schlegel sieht durch Goethes dralles Eroticon ihr Idealbild von romantischer Liebe beschädigt: *Warum er sich nur nicht eine schöne Italienerin mitgebracht hat?* Frau von Schiller wähnt gar ein Strafgericht der Götter: *Welcher Dämon hat ihm diese Hälfte angedichtet!* Pikiert über des frisch geadelten Dichters Mesalliance sind erst recht die Aristokraten bei Hof. Der Erbprinzessin Karoline kommt ein Geheimrat, der einer Proletarierin beiwohnt, wie ein Aussätziger vor. *Wer Dreck anfasst, besudelt sich*. Soll er doch sehen, was er von seinem Liebchen hat!

Aber den, der sonst stets *mit leisen, klugen Schritten nach der Gunst sich wendet*, scheint die üble Nachrede kaum zu berühren. Sollen sie doch schauen, wie er mit

Christiane händchenhaltend durch die Pflasterstraßen Weimars schlendert; im Winter sitzt sie auf dem Schlitten – und der Minister zieht! Sollen sie sich doch, wie die gewesene Freundin Charlotte, ihr Sonnenschirmchen vor das Gesicht halten, wenn ihnen der Anblick des ungleichen Paares nicht paßt! Sollen sie denken, was immer sie wollen, all die phantasielosen Moralisten, denen es niemals vergönnt sein wird, die Geheimsprache der Liebenden zu entschlüsseln, die nicht wissen, was ein *Schlampamps-Stündchen* ist, was es heißt, so richtig *hasig* zu sein, und schon gar nicht, daß Frau Christiane von den schlampampigen Freuden dann und wann *krabskrällig* wird und ein *Pfuiteufelchen* im Leibe trägt.

Sie ist wohl das einzige menschliche Wesen, das er jemals in seinem Leben verteidigen wird. Zu ihr bekennt er sich. Wer anders könnte das um Goethe sagen? *Er mag nicht leiden, wenn sie geringgeschätzt wird*, schreibt Körner an Schiller. Als Bettina von Arnim sie eine *tollgewordene Blutwurst* schimpft, erteilt Goethe Hausverbot, obwohl Christiane, die der Verehrerin des Gatten die Brille zerschlug, wohl auch ihren Teil zum Streite beigetragen hat.

Die Stadt-Fama behauptet: Christiane habe ihn den Menschen entfremdet. Als ob er an denen je Anteil genommen hätte! Bei seinem *Erotikon* aber kann er sich verstecken. Zu ihrer Wärme möchte er fliehen. In ihrer Gegenwart muß er weder Dichter noch Minister sein... und wenn ihm hasig ist, braucht er nicht wie Tasso auf zarten Versfüßen wandeln.

*Doch etwas, nicht mit Worten, mit der Tat*
*Wünscht' ich's zu sein, im Leben dir zu zeigen,*
*Wie sich mein Herz im stillen dir geweiht.*

Der Geliebten darf er auch in gröberem Rhythmus kommen. Was der Poesie keinen Abbruch tut.

*Was gibst du mit Lieb und Ehre*
*Und andern Dingen so viel Pein!*
*Wenn ein tüchtiger Schwanz nur wäre*
*Die Weiber würden sämtlich zufrieden sein.*

Ihre Liebe kennt auch andere Tonlagen. Wenn er, wie so oft, seinem heimischen Fluchtpunkt entflieht – in Jena am Schreibtisch hockt oder in Karlsbad am Brunnen –, dann wechseln sie Briefe. Kleine sinnenfrohe Dossiers, die an das Geschlecht wie an den Gaumen appellieren. Von breiten Betten ist die Rede und ebenso von braunen Braten. Ein munterer und sehr bilateraler Handel floriert, ein flotter Austausch schmackhafter Waren. *Statt des versprochnen Aals sende ich dir Dritthalbpfund frischen Lachs*, schreibt der Geheimrat im Juni 1806 aus Jena, *dagegen sende mir noch einige Würzburger, denn kein andrer Wein will mir schmecken.* Und ein Quartal später: *Du erhältst hierbey einen Kasten mit Nüssen. Sende mir dagegen ein Pfund Schokolade.* Und als ein weiterer Monat vergangen ist, werden die beiden, im 19. Jahr ihrer Liebe, vom Hofprediger Günther in der Stadtkirche getraut.

Die Partner sind tolerant miteinander. Auch darüber wird heftig geredet in Weimar, wo – sagt Knebel – *die Idioten und Pedanten wohnen.* Während Goethe seinen Repräsentationspflichten nachgehe, klatscht man, ziehe sie mit einem russischen Kurier auf den Schießplatz. Und wenn der *liebe Geheimerath*, der von Präsenzpflicht im Amt nicht viel hält, wieder einmal seine Auszeit nimmt und die Stadt verläßt (er ist rund sechs Monate im Jahr verreist), dann drehen sich beide durchaus auch einmal nach einem Tröster um. Dann werden *Äugelchen* gemacht! Sogar ein eigenes Wort haben die beiden gefunden. Ein wenig Eifersucht gehört mit zum Ritual. Äugelchen um Äugelchen. Christiane an Goethe: *Was willst Du denn mit allen Äuglichen anfangen? Das wird zuviel.* Goethe an Christiane: *Mit den Äugelchen geht es, merke ich ein wenig stark. Nimm Dich nur in Acht, daß keine Augen daraus werden.* Und dann läßt er sich ihre zertanzten Schuhe nach Karlsbad zusenden. Einen sinnlichen Fetisch.

Für ihn zählt auch Nähe in Andeutung. Die Vorstellung: In der Ferne ist eine Frau, die sich sorgt. Die Aufbewahrtsein, ein häusliches Ordnungssystem verspricht, dessen er – zumindest in der Imagination – ständig bedarf und das er doch – in der Wirklichkeit – nie dauerhaft ertragen könnte. Aber bereits der Gedanke daran schafft spürbar Wohlbehagen. *Jetzt schon möchte ich lieber bey dir zurück seyn, dir im grünen Alcoven eine gute Nacht und einen guten Morgen bieten und mein Frühstück aus deiner Hand empfangen.* Beschauliches Glück. Eine Welt ohne Sorgen. Das große Gefühl, das im Leben den Namen Christiane trägt. Im Werk heißt es Harmonie.

Harmonie! Mit immer neuen Beigaben hat Goethe dieses Schlüsselwort dekoriert. Im *Clavigo*: freundschaftlich. Im *Wilhelm Meister*: unaussprechlich fließend, vollkommen, lieblich, ewig. In der Schrift *Von deutscher Baukunst*: überraschend. In der *Farbenlehre*: naturgemäß, malerisch, chromatisch, besser, still, allgemein, simultan und sukzessive. In der *Italienischen Reise*: köstlich, behaglich – und vor allem: unbegreiflich! Kurzum: Harmonie ist ihm alles – nichtswürdig hingegen das Pathologische, der Exzeß und der Wahn. Nur Verachtung hat er für all die Non-Goethes, denen es unvergönnt blieb, an den Zeitläuften zu genesen. Die am Ende über der Wirklichkeit verrückt wurden. Oder, schlimmer noch, als Schriftsteller kaputte Charaktere auf dem Papier erzeugten.

Auch darum ist ihm Freund Lenz unheimlich geworden (Läuffer im *Hofmeister* entmannt sich auf offener Bühne!), auch darum hat er sich nie mit Hölderlin beschäftigen wollen, der ihm *gedrückt und kränklich* schien. Solche Kreaturen mag er nicht um sich scharen. Aber er kennt sie aus der Nähe. Den Dichter jedoch, der ihm wie kein zweiter *immer Schauder und Abscheu* bereitete, den hat er niemals gesehen: Heinrich von Kleist. Von 1807 bis 1808 wird Goethe ihn mit einer geradlinigen Brutalität verfolgen, die Hugo von Hofmannsthal noch knapp hundert Jahre später vermuten ließ, *der Greis von Weimar habe Kleists Seele getötet.*

13. Juli 1807. Goethe ist wieder in Karlsbad. Wie jeden Morgen hat er *einige Becher Brunnen* verkonsumiert. Mag sein: es war auch ein wenig Milch dabei. An Christiane schreibt er in diesen Tagen: *Ich befinde mich so wohl, als ich mich in Jahren nicht befunden habe.* Er weiß sich in bester Gesellschaft, verkehrt in hochadeligen Kreisen. Auch Herzog Carl August ist mitgereist in diesem Sommer. Gegen Abend wird der russische Legationssekretär von Mohrenheim dem Geheimen Rat ein Geschenk überreichen: den Kleistschen *Amphitryon.* Goethe liest noch am selben Abend. Das soll eine Komödie sein? Ist das der läuternde Geist der Antike, den er so liebt? In den Szenen wütet der Irrsinn, Amphitryons Diener Sosias spielt verrückt. Und der Mann mit dem Faible fürs Kranke und

Morbide, der sich das Ganze ausgedacht hat, verwischt auch noch die Grenzen zwischen Wahn und Weisheit, wenn er seinen Sosias sagen läßt: *So ist's. Weil es aus meinem Munde kommt, Ist's albern Zeug, nicht wert, daß man es höre. Doch hätte sich ein Großer selbst zerwalkt, So würde man Mirakel schrein.* Das liest auch ein Großer wie Goethe nicht gern. Schon gar nicht im Urlaub, am schwefligen Quell. Und wenn er eines haßt, dann sind es aufmüpfige Servanten!

Er spürt, irgend etwas ist bahnbrechend neu an diesem Text, der ihm als *das seltsamste Zeichen der Zeit* erscheint; doch es ist ein Signal, das ihn verängstigt, dessen Größe er nicht goutieren kann. Denn der Autor des Bühnenstücks, dies ist sein Hauptvorwurf, zielt *auf die Verwirrung des Gefühls.* Auf die Zerstörung von Harmonie. Kleist ist ihm unheimlich.

Sechs Wochen später. Freitag, der 28. August. Goethe, noch immer in Karlsbad, wird 58. Sohn August, 18 Jahre, ist zu Besuch. Christiane wartet daheim. Die Rückreise nach Weimar wirft ihre Schatten voraus. Der Jubilar ist schon den dritten Tag nicht zum Brunnen gegangen: *früh nicht getrunken.* Am Abend aber wird für ihn das Tirolerlied geblasen. Selbst an seinem Ehrentag, an dem er eine Menge Korrespondenz erledigt, muß er sich mit Kleist befassen. Nun liegt *Der zerbrochene Krug* zur gefälligen Begutachtung vor. Wie Goethe sich windet! Er ist lange genug Schriftsteller, um zu erkennen, daß dies kein gewöhnliches Gegenwartsdrama ist; sogar *außerordentliche Verdienste* wird er dem Dichter bescheinigen, ihm dann aber via Adam Heinrich Müller, der Goethe das Stück zugeschickt hat, dringlichst anraten, *eine wirklich dramatische Aufgabe zu lösen.* Das mag bedeuten, was immer es wolle. Nur, bittschön, nicht wieder einen Garanten staatlicher Ordnung zum Schurken degradieren. Den Richter zum Gerichteten machen. Auch so könnte man Goethes Hinweis verstehen, es sei *schade*, daß Kleists Stück *dem unsichtbaren Theater angehöre*. Will heißen: Dererlei kann man kaum spielen.

Er kanzelt ab, gibt – wie Jahre zuvor auch an Hölderlin – Direktiven, deren tiefere Bedeutung er vermutlich selbst nicht recht versteht und die vornehmlich der Einschüchterung dienen. Goethe bevorzugt Dichter von anderem Kaliber, Zacharias Werner etwa. Der sagt: *Nur die ungebildete Seite an uns ist es, von der her wir glücklich sind.*

Kleist, der um Goethes Abneigung weiß und der ihn darum, von einem fatalen Mechanismus getrieben, nur noch mehr zu lieben beginnt, schickt im Januar 1808 einen Brief nach Weimar: *Auf den Knien meines Herzens* hat er da Goethe um wohlwollende Aufmerksamkeit für seine *Penthesilea* gebeten – und auch um einen Versuch, den *Zerbrochenen Krug* in Weimar zur Aufführung zu bringen.

Warum muß sich einer wie er so erniedrigen? Tief im Innern rutscht er herum. Schon die Metapher tut weh. Selbst Goethe könnte es ein wenig unheimlich werden. Das allerdings hat nichts mit Kleist zu tun, sondern mit einer Erinnerung an die Jugend, die ihm, dem Gedächtnisvirtuosen, mit Gewißheit haften blieb. Auf den Knien seines Herzens hatte er sich – Luthers Übersetzung des Gebets Manasses zitierend – selbst einmal einem großen Vorbild angenähert, Johann Gottfried Herder. Vor mehr als dreißig Jahren. Und was war letztlich aus dieser Begegnung geworden?

Die Antwort an Kleist ist ebenso ignorant wie herablassend. *Es betrübt mich, wenn ich junge Männer von Geist und Talent sehe, die auf ein Theater warten, welches da kommen soll.* Wieder einmal spricht er von Talent, was bei Goethe Abstrafung bedeutet: Der Mann hat aus seinen Möglichkeiten nichts gemacht. So wie Hölderlin. So wie Beethoven, dem er bei der böhmischen Badekur begegnet ist. Auch dessen Talent hat ihn erstaunt, doch dann kommt das große Aber: *Allein er ist leider eine ganz ungebändigte Persönlichkeit.* Herabwürdigung mit Eleganz!

Für Kleist hat er die Einschränkung erst recht parat. Gewiß, gönnert Goethe, die *Penthesilea* sei nicht frei von Begabung, aber eben einmal mehr unaufführbar. Wohingegen man mit dem großen Calderon noch auf einem Jahrmarkt Triumphe einfahren werde. Der Hieb saß. Wenn der groß-mächtige Goethe das Stück selbst in seinem kleinen Musenstaat nicht auf die Bühne bringen wollte – wer sonst? Kleist scheint einmal mehr gescheitert. Die Ablehnung des Dramas war freilich programmiert. *Alles Pathologische*, hat der bekennend antimoderne Prinzipal schon 1798 an Schiller geschrieben, will er vom Theater verbannt sehen. Und was anderes als blanker Wahn reitet Penthesilea, die den toten Achill derart mit ihren Zähnen traktiert, *daß sie vor Liebe gleich ihn essen könnte.* Sein Begräbnis aber wird *ein Fest für die Gewürme* sein. Mitten auf der Bühne steht eine Leiche herum. Schon da muß es den Geheimrat geschaudert haben. Es gebe, hat er später gesagt, *ein Beängstigendes, mit dem sich die Dichtkunst bei noch so kunstreicher Behandlung weder befassen, noch aussöhnen könne.* Der Mann hat seine Harmonie-Lehren verletzt.

Goethe wird Kleist beweisen, daß seine Zeilen nicht zur Aufführung taugen. Am 2. März 1808 läßt der Theaterdirektor – unter eigener Regie! – in Weimar den *Zerbrochenen Krug* uraufführen. Im Anschluß an eine Opernvorstellung und – wie sich ein Besucher erinnerte – vom Schauspieldirektor in *drei Akte zerschnitten, was seinen Ruin von vornherein bedeutete.* Der Darsteller des Dorfrichters war *breit und langweilig... Das Stück fiel glatt durch.* Ein Zuschauer – er ist herzoglicher Beamter – buht aus voller Lunge, als der letzte Vorhang fällt. Der *Kerl*, wie es im Polizeiprotokoll heißt, wird für drei Tage in Haft genommen. Goethe indes sagt am Tage nach der Aufführung zu Riemer: *Der Mensch hat gar nicht so unrecht gehabt; ich wäre auch dabei gewesen, wenn es der Anstand und meine Stellung erlaubt hätten.* Und als er später noch einmal auf den denkwürdigen Abend zu sprechen kommt, wird er nur noch vom *Wasserkrug* sprechen. Was Goethe nicht paßt, verliert den angestammten Namen, so wie vordem der kleine *Hölterlein.*

Ja, der Meister kann zufrieden sein. Er hat es Kleist gezeigt. Er hat sich gerächt für dessen scheußliches Theater. Er hat ihm kein Ohr abgerissen, aber immerhin ein Bein gestellt. Des Dramatikers Fiasko spricht sich schnell herum. *Der zerbrochene Krug* wird zu Lebzeiten Kleists nicht mehr auf dem Spielplan eines Theaters erscheinen. Der entrüstete Autor, der drei Jahre später am Wannsee Selbstmord begehen wird, will den Regisseur der Erstaufführung gar zum Duell fordern. Entschließt sich aber dann für eine elegantere Wahl der Waffen – und schreibt einige Epigramme, dessen brillantestes *Herr von Goethe* heißt und die Niedertracht des ergrauten Herrn, der ihn als Stückeschreiber zur Strecke brachte, auf die denkbar knappste Formel bringt.

*Siehe, das nenn ich doch würdig, fürwahr, sich im Alter*

*beschäftigen! Er zerlegt jetzt den Strahl, den seine Jugend sonst warf.*

Im November 1811 aber wird er seinem Abschiedsbrief an Sophie Müller drei Zeilen aus einem Goethe-Gedicht beilegen. *Doch wie alles zugegangen / Erzähl ich Euch zur andren Zeit / Dazu bin ich zu eilig heut.* Eine letzte Geste. Kleist will nicht sterben, ohne sich *mit der ganzen Welt versöhnt zu haben.*

Aber das Scheitern in Weimar – von Goethe schuldhaft, wenn nicht gar mit Absicht, verursacht – hatte, wie Achim von Arnim schrieb, *etwas Herbes in ihm zurückgelassen.* Andere sagen: Goethe hat ihn in den Freitod getrieben. Jedenfalls hätte er Grund genug gehabt, Kleist wenigstens postum Gerechtigkeit widerfahren zu lassen. Aber was kümmert ihn kritische Rückschau. In den *Tag- und Jahresheften* hat er sich nur noch einmal selber bestätigt. *Amphytrion* – nicht einmal die korrekte Schreibweise des Dramas hat er sich gemerkt – *schien als ein bedeutendes, aber unerfreuliches Meteor eines neuen Literatur-Himmels.* Sehr variantenreich ist er nicht im Umgang mit mißliebigen Erscheinungen. Mit eben diesem Bild hat er schon Jakob Michael Reinhold Lenz in *Dichtung und Wahrheit* erledigt.

1826 wird Goethe seinen Urteilsspruch bekräftigen – Kleist sei *wie ein von der Natur schön intentionierter Körper, der von einer unheilbaren Krankheit ergriffen wäre.* Und um sich nicht anzustecken, hat er das *Käthchen von Heilbronn* mit spitzen Fingern im Kamin verheizt. O, *verfluchte Unnatur* hat er dabei geschimpft. *Das führe ich nicht auf, und wenn es halb Weimar verlangt.*

Als Fehler der Schöpfung ist er Goethe in Erinnerung geblieben, als Kretin, der seine Kreise störte. Ob der

Übermensch vom Frauenplan am Ende glaubte, er habe, eine Mißgeburt beseitigend, die Natur nur wieder in ihr Recht gesetzt, die geliebte Harmonie neu hergestellt? Friedrich Nietzsche wird die Motive des Täters präzis wie kein zweiter benennen: *Was Goethe bei Heinrich von Kleist empfand, war sein Gefühl des Tragischen, von dem er sich abwandte, es war die unheilbare Seite der Natur. Er selbst war konziliant und heilbar.*

Am 11. Juli 1827 entdeckt Goethe bei Durchsicht des Berliner Literaturblatts eine Rezension, den Autor der *Penthesilea* betreffend. Das Tagebuch vermerkt höchste Irritation *über den Kleistschen Unfug, und alles verwandte Unheil.* Ein kleiner Seitenhieb auf die Romantiker im verhaßten Berlin. Um sich zu *trösten*, liest der Dichter ein Märchen. Das bringt ihn ins Gleichgewicht zurück. *Wie wohltätig ist die Erscheinung einer gesunden Natur nach den Gespenstern dieser Kranken.*

Hier der Quell des Gesunden, dort der Pfuhl des pathologisch Entarteten: dieser Gegensatz hat ihn getrieben. Bei seinen Ausflügen zu den Göttern im Dichter-Olymp ebenso wie bei den Gastspielen in den heimischen Niederungen zu Weimar, wo *der Bettschatz* verwahrt war. Christiane, die Ikone der Vitalität – die schiere Sinnenfreude, leibhaftiges Gegenstück zum kränkelnden, selbst aus der Ferne noch bedrohlichen Kleist. Bis in Morgenstunden hat sie die Soldaten zum Tanz ausgeführt, indes sich der Meister daheim im Schlaf erholen durfte.

*Am Ende aller Dinge*, hat ihr Goethe 1795 aus Karlsbad geschrieben, sehe er *nichts besseres als dich zu lieben.* Anders gesagt: Nach reiflicher, sieben fette Jahre andauernden Überlegung ist ihm die Einsicht gekommen, daß keine andere als sie, die aus existentieller Armut Errettete, sich seinen Spielregeln so bedingunglos beugen werde. Dazusein, wenn er nach ihr verlangt – und sich zu entfernen, wenn sie ihm auf die Nerven geht, mit ihren irdischen Sorgen, die sein fragiles Dichterglück erschüttern könnten.

Wenn er sich davonstiehlt, macht sie keine Szenen. Und auch nicht, wenn er den einen Tag sagt, daß sie bald zu ihm nach Jena kommen soll, und sie am andern wieder abbestellt. *Ich wünsche auf meine ganz ungestörte Weise meinen Weg fortzugehen.* Ich wünsche! Mein Weg! Und meine Weise! Aber Port und Madeira soll Christiane aus Weimar übersenden. *Wenn du ein gut Gericht Spargel hast, so schicke es doch auch.* Er vertröstet sie über Wochen und Monate – sie wird es klaglos ertragen. Die Prozeduren der Demütigung hat Sigrid Damm in ihrer hartnäckig genauen Suche nach Christianes Leben beschrieben.

Als Goethe am 14. Oktober 1808 in Weimar Napoleons Ritterkreuz empfängt, derweil sie in Frankfurt den Haushalt von Goethes verstorbener Mutter auflösen muß, wird Christiane schweigen. Und schweigen wird sie auch, wenn sie wieder einmal unter höchster Gefahr ein *Pfuiteufelchen* gebiert, das keine Chance zum Überleben hat. Nach August, dem Erstgeborenen, hat sie vier weitere Kinder bekommen. Keines wurde auch nur einen Monat alt. Der Vater, der jede fürstliche Tafel, jeden Ausritt, jede flüchtige Aufwartung eines Fremden aufnotiert, hat im Tagebuch keine Zeile frei für Karl, Kathinka, Karoline. Und Christiane läßt ihn gewähren … wenn er, wie gehabt, die Augen zumacht, weil er die Gegenwart von Siechtum und Elend, von der *verfluchten Unnatur*, nicht auszuhalten glaubt in seinem großen Dichterkopf. Sie ist eine schwerkranke Frau. Im Februar 1815 nur *zwei Querfinger vom*

*Tod entfernt.* Huschke, der Arzt, hat die Patientin schon aufgegeben. Goethe schreibt an Willemer: *Ich habe viel gelitten.*

Christiane wagt nicht aufzuschreien. Und wird sich die Zunge durchbeißen, als sie ein Jahr später, von Krämpfen geschüttelt, auf dem Totenbett liegt. *Gefährlicher Zustand meiner Frau*, vier Worte im Tagebuch. Anderes scheint dringlicher. Die Ausschmückung des neuen Schloßflügels ist zu erörtern. Vor allem aber: Was wird aus dem Vorhang des Theaters? Einen Tag später heiratet Herzog Bernhard in Meiningen. Goethe bestellt einen *Eymer Wertheimer Wein.* Am 1. Juni: *Gefährliches Befinden meiner Frau während der Nacht.* Jetzt benötigt er Reagenzgläser, da er *die Versuche mit ausgezogenen Pflanzensäften fortzusetzen* gedenkt. Seine Frau, die vor Schmerzen wimmert, wird Goethe nicht mehr sehen, weil er halt so feinsinnig ist. Keine Rekriminationen! Er bekommt einen Schnupfen und legt sich zu Bett. *Wohl geschlafen und gut transpiriert.* Drei Wochen zuvor, als ihr Elend schon abzusehen war, hat Christiane ihm nach Jena geschrieben: *Ich freue mich unendlich, daß, Dirs gut geht, denn das ist ja unser aller Glück.*

Am Donnerstag, den 6. Juni, ist – wie das offizielle Bulletin des Goethe-Hauses meldet – des Staatsministers *Kopf frei und leicht. Er wird aber dem ohngedachtet noch heute das Bett nicht verlassen.* Im Bett bleiben wird auch Christiane, keine zehn Meter, und doch, wie bei ihrer ersten Begegnung, eine Welt von dem Mann ihres Lebens entfernt, der spätabends die Ereignisse des Tages in gewohnter Knappheit Revue passieren läßt. *Nahes Ende meiner Frau. Letzter fürchterlicher Kampf ihrer Natur. Sie verschied gegen Mittag... Abends brillante Illumination der Stadt. Meine Frau um 12 Nachts ins Leichenhaus. Ich den ganzen Tag im Bett.*

Ob er geweint hat? Er schreibt ein Gedicht. Er faßt seine Trauer in harmonische Form.

*Du versuchst, o Sonne, vergebens,*
*Durch die düstren Wolken zu scheinen!*
*Der ganze Gewinn meines Lebens*
*Ist, ihren Verlust zu beweinen.*

Bewegende Zeilen. Christiane aber hätte vielleicht nur seine Hand gebraucht. Ein letztes Äugelchen vom Liebsten. Das, mag sein, ist der Unterschied zwischen Dichtung und Leben.

**Er schwebt über dem menschlichen Elend gleich dem Bewohner eines andern Himmelskörpers.**

*(Christine Gräfin von Reinhard an ihre Mutter, 10. Juli 1807)*

# VIII. Goethe und seine Geschöpfe

Am 8. Juni 1816 wird Christiane in der Morgendämmerung auf dem Sankt-Jakobs-Friedhof begraben. Goethe schläft. Am Vormittag wird er Reisepläne nach Teplitz schmieden. *Ganz ohne Badeausflug bringe ich mich nicht durch.* Dann heftet er Akten. Er kann sich bereits wieder freuen. *Der geschliffene Doppelspath ist vortrefflich gerathen.* Wie lange habe er, wie Goethe gegen Mittag an Seebeck schreibt, diesen Kristall erforschen wollen, *aber Zerstreuung und häusliche Wehetaten reißen mich ein wie das andere Mal davon los.*

Zerstreuung und häusliche Wehetaten! Schon am Tag der Beeerdigung erscheint ihm Christianes Tod nur noch als ein Mißgeschick unter vielen. Sie ist ausgesegnet auch aus seiner Dichterwelt. In der Stadtkirche wird der Verstorbenen um drei Uhr mittags die Leichenpredigt gehalten. Goethe liest indes englische Journale. Er schottet sich ab. *In jeder großen Trennung liegt ein Keim von Wahnsinn, man muß sich davor hüten ihn nachdenklich auszubrüten und zu pflegen.* Das hat er damals beim Abschied aus Rom geschrieben. Und daran hält er sich auch heute. Wer zurückschaut, der wird am Ende den Verstand verlieren, wie *Penthesilea* bei Kleist. Goethes Lebensprogramm zielt aufs Gegenteil. Eine in immer neuen Wendungen wiederkehrende Tagebucheintragung formuliert sein Lebensprogramm: *Das nächst zu Beobachtende durchdacht.*

Tags darauf schickt sich Sohn August an, sein Leben

neu zu bestimmen. Sonderlich strahlend war das nicht, bislang. Und sein Dasein als Kammerrat bei Hofe – vom Vater ermöglicht – ein triste Verwaltungsexistenz. Jetzt aber, nach dem Tod der Mutter, warten größere Aufgaben. *Mein Vater sucht durch fortgesetzte Tätigkeit sich aufrecht zu erhalten und mich belebt der Gedanke, in häuslichen und geselligen Verhältnissen ihm nützlich und angenehm zu sein.* Ein Brief an die Frankfurter Freunde. Der Verfasser scheint eindeutig auszumachen: August. Doch, das ist ein Irrtum. In Robert Steigers 6000seitiger Chronik lesen wir: Goethe, der Ältere, hat diesen Brief Goethe, dem Jüngeren, in die Feder diktiert – und dem Sohn so gleichsam bedeutet, was auf ihn zukommt. Er ist jetzt des Dichters Stellvertreter. Eine nützliche und angenehme Tätigkeit. Ein belebender Gedanke. Wohlan!

Der Tod von Christiane bietet Gelegenheit, das Rollenspiel auf seine Tauglichkeit zu prüfen. *Wenn ich Ihnen, verehrte Freunde, das Absterben meiner lieben Mutter vermelde…* das konnte Goethe mit Leichtigkeit diktieren. Aber, wenn er in den *Trauernotificationen* von sich, den eigenen Gefühlen in der ersten Person hätte schreiben müssen, dann wäre das, auch für einen wie ihn, schmerzhaft geworden. Das Modell ist grandios. Nun gibt es den Meister in zweifacher Ausführung. Einmal in Grundausstattung, ein andermal in klassisch-luxuriöser Variante.

Unangenehmes wird von nun an August erledigen. Der Vater hat Geburtstag, mag aber keine Gäste sehen. Also kommt August zur Tafel ins Stadthaus und bringt einen Toast auf die Toten aus. Schillers Schädel wird in der Großherzoglichen Bibliothek deponiert. Goethe selbst hat die Feierstunde am 17. September 1826 verordnet, ist dann *über das Bevorstehende so ergriffen*, daß er seine

Teilnahme *unter Tränen* absagt. Mag sein, daß er auch nur keine Lust verspürt, Ernst von Schiller zu begegnen, mit dem es bekanntlich Streit gibt wegen des Briefwechsels. Jedenfalls spricht der Filius; sogar Geschichte darf er an diesem Vormittag schreiben. Die Worte werden als *August v. Goethes Rede bei der Niederlegung von Schillers Schädel* in die Annalen der Stadt Weimar eingehen. Doch der Vater hat ihm in den Stunden vor der Veranstaltung jeden Satz diktiert.

Zum ersten Mal in seinem Leben kann er sich bewähren. August, der in seiner Kindheit als des Dichters Bastard Verhöhnte! Erst mit elf wird er in den *Stand ehelich erzeugter Kinder* erhoben. Da hat er schon manchen Vollrausch erlebt. *Der arme Junge dauert mich*, schreibt Charlotte von Stein im Januar 1801, *er ist schon gewohnt, sein Leiden zu vertrinken. Ich hatte alle Mühe, ihn bei mir vom Wein abzuhalten*. Ein Leben auf der schiefen Bahn haben sie ihm prophezeit. Papa hier, und Papa dort. August wird zum Duell gefordert. Der Vater sagt es ab, weil der Sohn die Angelegenheit nicht regeln kann. August will in den Krieg ziehen. Der Vater ist – dem Himmel sei Dank – dagegen. August bleibt daheim.

Aber jetzt darf August den Vater gar auf der Beerdigung eines Herzogs vertreten: *Mein Sohn war nach Gotha zur Leiche gefahren.* Er ist Goethes erster Gehilfe. Diener! Diese Spezies Mensch hat der Geheimrat freilich nie sonderlich gnädig behandelt.

Wehe, die Lakaien werden krank, wie Johann David Eisfeld, 1812. Da war er immerhin sechs Jahre zu Diensten. Der Geheimrat fürchtet sich anzustecken, obwohl der Arzt, Professor Stark, bestätigt, daß der Patient vollständig genesen sei. *Ich trage billig Bedenken, ihn sobald wieder um mich zu sehn.* Und »sobald« meinte: für immer! Auch sein Nachfolger wird den Frauenplan nicht freiwillig verlassen. John (Carl Christian, nicht Friedrich!) ist dem Geheimrat zu *speisewählerisch, genäschig und trunckliebend.* Und die Köchin Charlotte Hoyer, *eine der boshaftesten und uncorrigeblsten Personen, die mir je vorgekommen*, läßt er von der Polizei abholen, weil sie ihr Entlassungszeugnis vor seinen Augen zerriß. Metzlers Goethe-Handbuch hebt hervor, *daß G. im Umgang mit seinem Personal auch bestialisch sein konnte.*

Man denke nur an den getreuen Seidel. Philipp, der erste Diener, der ihn schon auf seiner Flucht von Frankfurt nach Weimar begleitete, hatte für seinen Herrn nicht nur den angestammten Wohnsitz, sondern im Lauf der Jahre wohl auch seine Identität aufgegeben. Er, der einzige, der von Goethes geheimer Italienreise wußte, schien in Gestik und Mimik wie eine *vidimirte Kopie* seines Gebieters. *Goethe schickte seinen Bedienten*, erinnert sich Böttiger, *der in allem seinem Meister nachahmte, so ging, so den Kopf schüttelte, sprach usw.*

Philipp stand am Herd, um Eierkuchen zu backen, wachte über die Kasse, wusch, hat Lenz in Berka versorgt, die ersten Verse des *Tasso* und die Prosafassung der *Iphigenie* abgeschrieben. Unentbehrlich auch als Begleiter auf Reisen! In der Schweiz hat er das Tagebuch geführt, nur dann und wann verlangte Goethe einige Ergänzungen. Am Theater war er, wenn Not am Mann war, gelegentlich als Statist zu sehen. Er dichtet sogar. *Ich gehe nun so gerne / in stiller Nacht allein / zu sehn die lieben Sterne, / den klaren Mondenschein.* Und Wieland muß drucken. Als Goethe in Rom ist, hat Seidel – in Vertretung seines Herrn – Charlottes Sohn Fritz in der Grammatik unterwiesen.

Zur Belohnung darf es sich der Diener wohlsein lassen in Goethes Gemächern an der Ilm. *Bediene dich indeß meines Hauses und des Meinigen zu deiner Nothdurft und zu deinem Vergnügen.* Die Rolle des Platzhalters wurde also nicht erst für August erfunden. Philipp sei, heißt es 1787 in einem Brief an den Herzog, *im edelsten Sinne mein Geschöpf.* Da spricht Gott Goethe.

In der Tat, das Geschöpf Philipp war eine Figur, mit der sich umspringen ließ. Als Christiane das Regiment im Haushalt übernimmt, muß er den angestammten Platz im Leben seines Herren räumen. Er wird abgefunden mit einer gut dotierten Stellung und ist fortan Rentensekretär. Was Goethe nützlich ist. Als Beamter hat Philipp Zeit und kann sich nebenher auch noch um des Geheimrats Privatbelange kümmern. Gelder verwalten, Gesteine besorgen, eine Dienstordnung für Goethes Kutscher aufsetzen. Nur, daß der Herr nun gegen Gotteslohn bedient wird. Das Geschöpf liebt seinen Schöpfer abgöttisch. Was der in der Behandlung von hartnäckigen Verehrern geübte Dichter für sich zu nutzen weiß.

Seidel, ein sparsamer Mensch, hat es als Beamter mittleren Ranges zu einigem Wohlstand gebracht. Und Goethe braucht Geld. Einen neuen Merck. Der heißt nun Seidel. 1792 hat er Goethe 1270 Taler geliehen, verzinst zu noblen vier Prozent. Sieben geheimrätliche Monatsgehälter, die Goethe über fünf Jahre abstottern darf. Irgendwann aber – es wird um das Jahr 1800 herum gewesen sein – hat Philipp genug. Am 14. Februar 1799 schreibt er einen letzten Brief an seinen Gebieter: *Vom Baum der Erkenntnis habe ich genossen, nun will ich versuchen eine Frucht vom Baum des Lebens zu brechen.* Das Mündel will Vormund sein.

Danach ist nur noch ein einziger Satz von ihm überliefert. Aber der hat es in sich. Vier Worte haben sein Schicksal besiegelt. *Ich lernte das Nein*. Er hat sich aufgelehnt gegen seinen Schöpfer. Auch wenn wir die Ursachen der Erleuchtung nicht kennen (alle Dokumente sind, wie gehabt, vernichtet): Das war der Bruch. In diesem Punkt ist Goethe empfindlich. Er rächt sich mit der schlimmsten aller denkbaren Strafen. Er läßt sein Geschöpf fallen. Er peinigt es mit Mißachtung. Kein Kontakt, keine Erwähnung. Er braucht ihn nicht mehr. Seidel ist lästig. Relikt einer abgelaufenen Zeit. So wie einst Lenz.

Goethe weiß, wie abhängig der Gehilfe von seiner Gunst, seiner Aufmerksamkeit ist. Wenn sich die Sonne verzieht, dann wird der Schatten erlöschen. Seidel verfällt. Goethe läßt nichts von sich hören. Dafür schreibt Knebel. Es tue ihm weh, *den lieben Freund in einem so zerrütteten körperlichen Zustand zu finden*. Er hoffe auf tröstlichere Nachrichten. Doch die werden ausbleiben. Philipp ist ein schwerkranker Mann. Irgendwann dreht er durch und wird von Weimar ins Irrenhaus nach Jena gebracht. Davon wird auch Goethe erfahren. Doch zur Besorgnis – so wird er dem Mann schreiben, der ihn auf das Schicksal des Dieners aufmerksam machte – bestehe kein Anlaß. Dem *Unglücklichen* habe *nichts Besseres geschehen können als ihn herüber zu schaffen*. In der Anstalt habe sich Seidel *beruhigt, spaziert mit dem Inspector im Garten, raucht Tabak und gefällt sich am Orte, ohne eigentlich zu wissen, wo er ist*.

Hat ihn sein langjähriger Herr im *Irreninstitut* besucht? Welch törichte Frage. Am 19. November 1821 stirbt Philipp am Schlagfluß. Goethe hat den Namen Seidel nie wieder erwähnt.

Sohn August hätte wissen müssen, was auf ihn zukommt. 1817 hat er geheiratet. Ottilie von Pogwisch. Die letzte Chance, dem Dunstkreis des Vaters zu entkommen, den Absprung zu wagen und ein wenig räumliche Distanz zu erkämpfen. Doch August bleibt im Haus am Frauenplan, wird sich mit Malern herumschlagen, weil der Vater das Wesen der Farben lieber theoretisch als in praxi erörtert. Und der Vater, der erkennt, daß der Sohn nicht zum Dichter taugt, wird ihn loben als *sorgsamen Bewahrer meiner Sammlungen*. August schlägt sich herum mit Knochen, Fossilien und Münzen.

Das tut auch ein weiterer Diener im Haus. Carl Wilhelm Stadelmann. Eigentlich ist er Buchdrucker. Im Hause Goethe aber reift er zum Faktotum. Insgesamt zehn Jahre ist er verfügbar. Keiner hat so viel geschleppt wie er. Steine vor allem, die Goethe in den letzten 20 Jahren weit wichtiger waren als seine Mitmenschen, die ihn nur störten. Die er – schon ein wenig beruhigt vom guten Köstritzer Schwarzbier – mit demonstrativer Schweigsamkeit verstörte, bei seinen Audienzen vorn im Juno-Salon. Dann waren, Humboldt hat es beschrieben, seine liebsten Worte *Hm, Hm*. So ließ sich jedes Gespräch töten. Und wenn alles nichts half, hat er seinen Besuchern einen Privatvortrag über das Wesen der Knochen gehalten. Dann war der Raum leer.

Stadelmann aber hatte Geduld, gehorchte klaglos jeder Laune seines Gebieters. Vor allem in Böhmen, am Bernhardsfelsen oder am Wolfsberg, hat er geduldig gehämmert, um Goethe mit einigen Bröcklein Urgestein zu erfreuen. Und am Abend wird Goethe dann zu seinen Bewunderern in Karlsbad sagen: *Nicht wahr, mein Stadelmann hat schon viel Gutes zusammengeschleppt.* Das nötige Schuhwerk hat er ihm freilich nicht spendiert, und die zugesagte Dienstkleidung auch nicht. Walter Schleifs Dokumentation über *Goethe und seine Diener* belegt bis ins Detail: Der Dienstherr ist geizig. In einem Brief – nicht an Goethe, sondern an dessen Hausverwalter Kräuter – schreibt Stadelmann von seinen Sorgen. *Alles geht in Stücken, meine besten Hosen sind zerfleischt, andere habe ich nicht. Schon sind 3½ Monat verflossen, daß ich bey Sr: Excellenz bin und habe weiter noch nichts von den versprochenen Livreestücken als Rock und Huth.*

Die Arbeit beginnt oft schon vor Sonnenaufgang. *Vier Uhr auf, von halb sieben Uhr geschrieben bis neun Uhr, dann hat der Herr gebadet.* Dienstende war um Mitternacht. Wenn der Geheimrat schlief, galt es Abrechnungen zu erledigen. Und das alles für acht Groschen am Tag! Was bleibt da anderes, als sich bei Gelegenheit ein kleines Zubrot zu verdienen, mit dem Friseur zu paktieren und einen schwungvollen Devotionalienhandel mit Goethe-Locken zu betreiben. *Bin so frey auf ihren Wunsch die Haare Sr. Excellenz zu senden… Ew Hochgeboren unterthänigster Diener.* Der Geheimrat ahnte von all dem nichts. Er war mit seinem Carl rundum zufrieden. In der *Marienbader Elegie* hat er ihm und dem Schreiber John gar ein kleines Denkmal gesetzt.

*Verlaßt mich hier, getreue Weggenossen!*
*Laßt mich allein am Fels, in Moor und Moos;*
*Nur immer zu! euch ist die Welt erschlossen,*
*Die Erde weit, der Himmel hehr und groß;*
*Betrachtet, forscht, die Einzelheiten sammelt,*
*Naturgeheimnis werde nachgestammelt.*

Auch Stadelmann, der Goethe zehn Jahre umkreiste, hat am Ende manche Marotte seines Meisters übernommen, der – wie Wilhelm von Humboldt überliefert – bisweilen schon morgens mit seinem Servanten die Frage zu erörtern pflegte, ob er, Goethe, *dunkel- oder hellbraunes Köstrizer oder Weimarisches Bier, oder wie die Greuel alle heißen, trinken soll.* Oder doch lieber den Würzburger Wein? Den hat er sich immer gleich eimerweise kommen lassen, auch wenn er gekurt hat in den geliebten böhmischen Bädern. Und ein Eimer, das waren immerhin achtzig Bouteillen. Als Goethe mittags einmal nur eine einzige Flasche *nicht schweren Tischweins* leert, werden die Tischnachbarn sagen, er habe sich als *sehr mäßig, fast furchtsam im Trinken erwiesen.* Kurzum: der Durst des Dichters war gewaltig. Und der seines Dieners war es nicht minder. Nur, daß dem Amanuensis die Quanten seines Herrn auf Dauer nicht bekamen. *Die Gier überfiel ihn in gewissen Zeitabständen,* schreibt Walter Schleif, *und dann war er wehrlos.* Und bei der Arbeit kaum noch zu gebrauchen.

*...Verlaßt mich hier, getreue Weggenossen:* Hinaus mit Carl! Am 1. Juli 1824 vermerkt das Tagebuch *Stadelmanns Abgang. Nöthige Einrichtungen deßhalb.* Er ist entlassen und wird nicht mehr erwähnt.

*...Euch ist die Welt erschlossen:* Der Diener landet in Jenas Armenhaus. Vom Olymp in die Gosse! Die letzten 20 Jahre seines Lebens hat er nur noch eine glückliche Woche gehabt. Und das war lange nach Goethes Tod.

1844 wird, nach jahrzehntelangem Ringen, dem Dichter in Frankfurt ein Denkmal gesetzt. Die Honoratioren der Stadt suchen nach einer *letzten großen lebendigen Reliquie.* Friedrich Wilhelm Riemer läßt sich wegen eines Gichtleidens entschuldigen. Da erinnert sich ein Professor aus Jena an den 62jährigen Bewohner des Armenhauses. Nach mehr als zwanzig Jahren ist er wieder jemand. Stadelmann im Glück. Man schickt ihm Geld. Er darf sich neu einkleiden. So wie er ist, kann er nicht kommen.

Mitte Oktober trifft er in Frankfurt ein. Er wird herumgereicht, als Attraktion, als Schaustück. Er darf Anekdoten erzählen – und vor allem seinem einstigen Herrn ein letztes Mal ins Gesicht schauen, wie er nun dasteht auf seinem Sockel: ein etwas beleibter Mann aus türkischem Gußeisen. In den Händen die Insignien poetischer Macht. In der rechten, einem Zepter gleich, die antikische Buchrolle; in der linken den Lorbeerkranz als Dichterkrone. Als Ludwig Schwanthalers Standbild enthüllt wird, lupft Stadelmann den eigens angeschafften Zylinder. Dann hat er seine Mission erfüllt. Das Fest ist vorbei. Jetzt geht er zurück ins Armenhaus. Jetzt heißt es wieder die dreckige Arbeitsjacke anziehen. Binnen weniger Tage von der Hölle in den Himmel – und retour. Kurz nach seiner Rückkunft schleicht er sich auf den Dachboden seiner Elendsherberge und hängt sich auf.

Wie sich die Fälle gleichen! Lenz starb seinen Goethe-Tod im Straßengraben, Seidel im Irrenhaus, Stadelmann im Obdachlosen-Asyl. Wer sich in die Nähe der Weimarischen Lichtfigur wagte, nahm Strahlenschäden in Kauf, die tödlich sein konnten, zumindest zu geistiger Umnachtung, zum Verlust der Selbstachtung führten. Das hat auch jener Hausierersohn erfahren, der sich 1823 dem Dichter untertänig näherte und in einem treuherzigen Gedicht *(An Goethe)* seine Ehrfurcht buchstabierte. *Wenn im Rechten ich begriffen, / Hab ich's einzig Dir zu danken, / Denn im Irren, Suchen, Schwanken / Hat mich Deine Hand ergriffen / Und auf rechten Weg geleitet. / Der geebnet, fast gebreitet, / Nicht in Sümpfen sich verlieret, / Nein, zum sichern Ende führet.* Zum sichern Ende: das sollte heißen: in die Abhängigkeit!

Keinen zweiten (nicht einmal Johann Heinrich Merck) hat Goethe so beharrlich ausgenommen wie Johann Peter Eckermann. So konsequent abgerichtet. Er weiß: Dieser Mann aus ärmsten Verhältnissen wird aufschauen zu ihm, dem Staatsdichter. Der Mann kam wie gerufen. Er braucht schließlich eine Hilfskraft, die seine Werke letzter Hand durchsieht. Verleger Cotta wird nach langer Verhandlung das Werk mit über 100 000 Taler entlohnen. Goethe weiß nun seinen Marktwert. Dem Assistenten aber will er keinen Groschen zahlen. Der ist doch zufrieden, wenn er dann und wann an des Dichterfürsten Tafel sitzen darf. *Bei Tische teilt er manches mit mir, und gibt mir von seinem Teller,* juchzt Eckermann 1824 in einem Brief an seine Verlobte Johanne Bertram. Wer so schreibt, ist ein ideales Opfer. Der läßt sich schinden. Skrupel kennt Goethe nicht. Schon 1805 hat er im Rahmen seiner Mittwochs-Gesellschaft einen, so Henriette von Knebel, *hübschen Vortrag* über die *Elastizität der Moral* gehalten.

Goethe handelt mit System. Er lobt – wir dürfen annehmen: wider besseres Wissen – Eckermanns Aphorismen. Er soll weiterschreiben, aber bitte – wie einst Hölterlein – nur *kleine Sachen.* Die lassen sich schneller lesen.

Ein Rat, der nichts kostet und den Adepten noch dankbarer, noch gefügiger machen wird. Über Sohn August läßt Goethe ausrichten, wenn er noch ein wenig in Weimar bleibe, würde er *literarisch hervortreten: bald eine Macht sein!* Der Geheime Rat weist ihn an, endlich Englisch zu lernen. Eckermann soll sich als Privatlehrer durchschlagen, für zwölf Silbergroschen pro Stunde – um sich dann, ganz unbesorgt, seiner eigentlichen, ehrenamtlichen Tätigkeit im Großbetrieb Goethe zu widmen. Als Lohn für seine Mühen erhält der beflissene Mann aus Winsen an der Luhe ein Freiabonnement für Weimars Theater.

Goethe mimt den väterlichen Ratgeber. Sein Hannchen heiraten solle Eckermann bittschön erst dann, wenn er in der Lage sei, *eine bürgerliche Existenz zu begründen.* Aber eben das weiß der Dichter, um die Edition seiner Werke besorgt, beharrlich zu verhindern. *Ich werde versuchen ihn festzuhalten.* Eckermann ist Teil des Großunternehmens Goethe. Längst zum Geschöpf des Dichters geworden, wie Philipp oder August.

Immer wenn der Untertan klagt, beteuert der Minister mit den besten Drähten nach ganz oben, die versprochene Festanstellung in der herzoglichen Bibliothek sei ganz nah. Er möge sich nur noch ein klein wenig gedulden. Der Fall werde bearbeitet. Kafka wirft seine Schatten voraus. Der Greis besinnt sich noch einmal auf den alten Trick: auf das Prinzip Vertröstung. Bei Charlotte von Stein ist er damit gescheitert. Jetzt aber hat er Erfolg. Wenn er Eckermann eine rosige Zukunft verheißt, dann wird der Eleve E. parieren und klaglos die nächsten tausend Manuskriptseiten in Angriff nehmen. *Eckermann schleppt, wie eine Ameise, meine gesammelten Gedichte voran.* Der bukkelt, probt allenfalls für Tage den Aufstand und spricht von *zerstörenden und herabziehenden Verhältnissen* im Umgang mit seinem Herrn. Goethe weiß, der Adlatus wird einknicken. Den bösen Zweizeiler von Nikolaus Lenau hätte er – wäre der Gehilfe nicht so nützlich – wohl gerne selbst geschrieben. *Eckermann und Goethe, / Blaserohr und Flöte.*

Das Opfer ist Hannchen, die Kaufmannstochter, die in

Hannover auf ihren Verlobten wartet. Sie durchschaut die Regeln dieser finsteren Partie, in der Goethe spielt und sich ihr Peter übel mitspielen läßt. *Es ist mir nun klar, daß die Weimaraner Dich nur mit Hoffnungen von einem Jahre zum andern hinhalten und weiter nichts dabei herauskommt.* Ein knappes Vierteljahr später, am 12. Februar 1829, nennt sie den Verursacher der Malaise beim Namen. Es sei ihr unbegreiflich, schreibt sie ihrem Peter, *daß Goethe Dir nicht besser forthilft, da er es nach aller Meinung doch wohl imstande wäre. Es scheint sich aber doch zu bewähren, daß er vieles verspricht, aber nicht erfüllt.*

Nur einmal erweist sich Goethe als ein wahrer Gönner. April 1830. August bereitet Probleme. Er säuft, zieht nachts durch zwielichtige Kneipen, weil er die desolate Ehe nur noch im Delir ertragen kann. Und vielleicht auch, weil ihm die Rolle des ewigen Stellvertreters zusetzt. Wie viele Reden im Namen des Vaters hat er gehalten! *Ich habe nun vierzig Jahre geschissen, und weiß, was ich zu tun habe, und lasse mir nichts sagen,* hat er dem Vater ins Gesicht geschrien, der daraufhin verstört in sein altes Gartenhaus geflohen ist. So geht das nicht weiter. August soll sich erholen. Der Vater bestimmt den Ort. Dort, wo er selbst vor über vierzig Jahren sein geliebtes Ego wiederfand. In Italien! Ein letzter Versuch, auf daß ihm in der Ferne aufgehe, *wie sich auf dem Frauenplane zu Leipzig mit guten Menschen leben läßt.* Aber der Filius soll nicht allein reisen. Also darf Eckermann mit. Jedenfalls für die ersten Wochen. Zwei Goethe-Geschöpfe erobern die weite Welt.

August wird von dieser Reise nicht mehr zurückkehren. In einem Brief hat er dem Vater voller Stolz geschrieben, daß er im Süden *zum ersten Mal zur Selbständigkeit gekommen* sei. Doch, kaum ist Eckermann nach Weimar zurückbeordert, weil dort die große Werkausgabe ruft, nimmt der Sohn in Rom den letzten großen Schluck. Er wird doch immer bleiben, was er ist: der Sohn. Eine mißbrauchte Kreatur. Am 27. Oktober 1830 stirbt Julius August Walther von Goethe. Die Sektion diagnostiziert eine unheilbar geschädigte Leber.

Der Vater reagiert klassisch. *Non ignoravi me mortalem genuisse.* Er hat keine Tränen. Er verbirgt sich hinter einer lateinischen Weisheit. Noch im Leid gibt er sich erhaben: Er verkenne nicht, einen Sterblichen gezeugt zu haben. Pater peccavi. Die Götter mögen verzeihen. August war nur ein Sohn. Diesen Schuldspruch gilt es zu verewigen. Auf dem Grabkreuz in Rom. Noch einmal Latein. *Goethe fil. Patri. antevertens obiit.* Hier ruht nicht das Individuum August, sondern nur das mißratene Geschöpf des Vaters.

In der nach wie vor berühmtesten Goethe-Biographie, der Gundolfschen, wird der Sohn nicht einmal genannt. Der Index spricht für sich selbst: Goethes Mutter. Goethes Schwester. Goethes Vater. Kein Verweis auf August. Der zählt nicht. Der war ein Idiot. Eine pathologische Figur, derer im George-Kreis nicht gedacht werden durfte. Goethe hat zu diesem Bild viel beigetragen, auch in seinem Werk, den *Wanderjahren* etwa. Wilhelm fragt Lenardo, wo er mit seinem Felix hinsolle. *Mich dünkt, der Sohn entwickle sich nirgends besser als in der Gegenwart des Vaters.* Lenardo weiß es besser. *Dies ist ein holder väterlicher Irrtum: der Vater behält immer eine Art von despotischem Verhältnis zu seinem Sohn, dessen Tugend er nicht anerkennt und an dessen Fehler er sich freut; deswegen die Alten schon zu sagen pflegten: Der Helden Söhne werden Taugenichtse …*

Das schrieb Goethe 1821. August, der von aller Welt zum Taugenichts Gestempelte, wird die Zeilen gekannt haben … der Helden Söhne werden Taugenichtse. Kretins, deren Fehler die Väter erfreuen. Um Sätze wie diese zu überleben, hätte er deren Urheber vermutlich umbringen müssen. August, das verachtete Geschöpf, wählte indes eine vornehmere Lösung: Er hat sich dieses Vaters mit Selbstzerstörung entledigt.

Und Eckermann? Der hat 1831 sein Hannchen doch noch geheiratet. Goethe mochte nicht einmal gratulieren. Er war gekränkt, und sechs Monate später war er tot. Immerhin, einen sehr ehrlichen Satz hat er seinem Stichwortgeber hinterlassen. *Wollte ich mich gehen lassen,* hat Goethe am 21. März 1830 zu Eckermann gesagt, *so läge es wohl in mir, mich selbst und meine Umgebung zu grunde zu richten.* Ein Satz von großer Wahrheit. Doch er hätte nicht im Konjunktiv reden müssen, als sei nichts geschehen. Er hat sich gehen lassen …

Was mag Eckermann gedacht haben, als er 1836 dieses Gespräch noch einmal redigierte? Hannchen war zwei Jahre zuvor im Kindbett gestorben. Was blieb? 1000 Besuche bei Goethe. Neun verschenkte Jahre. Ein verpfuschtes Leben. Und nur ein einziges eigenes Gedicht, das blieb, eine Abrechnung mit der Zeit in Weimar.

*O falscher Hof mit deinem Schimmer.*
*Mit deinen Schranzen leer und hohl*
*Mit leichtem Herzen dir auf immer*
*Sag ich ein freudig Lebewohl.*

**Man hätte offener zu ihm reden sollen. Aber mit einem »großen Manne« offen zu reden ist wohl nicht deutsche Art.**

*(Thomas Mann, 1928)*

# IX. Doktor Faust, Professor Oken und ein schlechter Nachbar

Da saß er nun in seinem hochherrschaftlichen Haus am Frauenplan und zählte die Tage, *bis dieser wunderliche Organismus in sich selbst verkohlt.* Er las keine Zeitungen mehr, sah sich umzingelt von Schränken und Schubkästen voll von toter Materie. Doch schon lange war der letzte Geisbock-Schädel, das letzte Fundstück seiner Mineraliensammlung, untersucht und beschriftet. Die Menschen, die einst in seiner Nähe waren, hatte er überlebt. Carl August. Minister Voigt. August, den Sohn. Die triste Existenz seiner späten Lebensjahre hat Therese Huber beschrieben. Den Greis, der sich die eigene Bedeutung vorspielte. Den Prominenten, zur gelegentlichen Besichtigung freigegeben: *Höflich und abgemessen repräsentierend und von seiner Wichtigkeit überzeugt, wird um ihn die Bewunderung in jeder Form: als knechtische Aufwartung, zärtliche Empfindsamkeit, ästhetische Rauchwolke... Dem starb das Herz zuerst ab und spukt noch der verwitterte Geist.*

Doch seines Pennälereids scheint er sich noch immer zu erinnern. *Augen auskratzen, Ohren abreißen, zu Boden stoßen...* Eckermann wird abgerichtet. Und Ottilie, Augusts Witwe, wird erpreßt. Sie habe ihre Freiheiten, natürlich, läßt er die 34jährige Frau wissen, aber weh ihr, wenn sie sich mit einem anderen verbände. *Eine Wiederverheiratung würde das Fallgatter sein, das zwischen meiner Liebe und ihr niederfiele.* Er will sie besitzen, einen letzten Schimmer von Jugend genießen. Wenn Ottilie also Wert auf ihre kleine Privatrente lege, werde sie ihre Liebe schon ausschließlich ihm widmen müssen. Andernfalls soll die Schwiegertochter sehen, wo sie mit ihren drei Kindern bleibt. Ein böser alter Mann redet sich in Rage.

... und vollendet zur gleichen Zeit den zweiten Teil des *Faust*, entwickelt – Monate vor seinem Tod – eine Vision von Freiheit und Freiwilligkeit: *Solch ein Gewimmel möcht' ich sehn, / auf freiem Grund mit freiem Volke stehen.*

Das freilich hat er erst schreiben können, als er sich von seinem Dasein als Minister verabschiedet hatte. Mit Doktor Fausts auch politisch bedeutsamer Utopie hätte Goethe, der Dichter, dem Staatsdiener Goethe nicht kommen dürfen. Der nämlich hat, wenn es um das Grundrecht der Meinungs- und Lehrfreiheit ging, stets harsche Exempel statuiert. An Fichte. Vor allem aber an Lorenz Oken, dem Naturforscher von internationalem Rang, der dem Geheimen Rat über Jahre hinweg ein Ärgernis war. Professor Oken (der in Zürich später einmal der akademische Lehrer Georg Büchners werden sollte) hat, das war kränkend genug, unabhängig von Goethe den Zwischenkieferknochen entdeckt. Vor allem aber rief er 1816 eine Zeitschrift namens *ISIS* ins Leben, in der sich in bester Jenensischer Tradition schon bald die Freigeister tummelten und munter Opposition machten gegen Zensur und Spitzelei. *Alles ist gut und Alles muß zugelassen werden.* Verhaßt sind dem Blatt darum *Polizeichergen des Geistes, die an Thoren und Strassen, auf Märkten und Hörsälen lauschen.* Der Kulturbürokrat G., der vermutlich auch die Experimente des Dr. Heinrich Faust hätte observieren lassen, sah seinen Zwergstaat in Gefahr. Das Blatt mußte verschwinden.

Der Geheimrat hat ein ausführliches Gutachten erstellt. Das leidenschaftliche Plädoyer für die Zensur ist – o Wunder – erhalten. Das Unternehmen *ISIS*, so führt Goethe am 5. Oktober 1816 in einem Schreiben an den Herzog aus, sei *catilinarisch*, die Unterdrückung der verschwörerischen Schrift daher *ein männlicher Schritt, ein chirurgischer Schnitt, der die Krankheit ausrotte.* Des Ministers therapeutischer Vorschlag zielte auf die Amputation der freien Meinung. *Mit dem Verbot der Isis wird das Blut auf einmal gestopft; es ist männlicher sich ein Bein abnehmen zu lassen, als am kalten Brand zu sterben.* Wer an der bestehenden Ordnung auch nur ein wenig kratzt, der ist krank. Oken, schreibt Goethe, sei gebeutelt von einem *partiellen Wahnsinn, der dem Staate schädlich, ja verderblich ist.* Unbequeme, unangepaßte Geister sind Psychopathen. Das altbewährte Verfahren. Mit Rufmord beliebte Goethe auch Lenz und Kleist zu verfolgen.

Gegen Ende seiner Expertise wird der Minister grundsätzlich: *Der Preßanarchie setze sich ein Preßdespotismus entgegen, eine weise und kräftige Diktatur.* Sogar die Drucker will er haftbar machen. Er vertraut einmal mehr auf den Mechanismus der Einschüchterung. Doch der Herzog zaudert zunächst, Goethes Votum zu folgen, das in seiner Radikalität schwerlich mit der Landesverfassung zu vereinbaren war. Der Minister aber drängt weiter. 1819 wird der unbeugsame Oken von seinem Universitätsdienst suspendiert. Goethe genießt seinen Triumph und verfaßt ein hämisches Spottgedicht.

*Hätte Oken gewußt, wer er sei,*
*Und wär sich nicht selbst überlei,*
*So ständ er recht gut im Orden.*
*So weiß gar niemand, was er geworden.*

Dr. Faust durfte von der großen Freiheit träumen, Professor Oken aber hätte sich anpassen müssen, um in Sachsen-Weimar zu überleben. So wie Goethe, der Staatsmann, es vorgemacht hatte – und dabei bisweilen zur Karikatur eines deutschen Opportunisten geworden war. Wie stolz hat er das auf Weisung von Napoleon verliehene Ritterkreuz der kaiserlichen Ehrenlegion getragen! Und wie schnell hat er es abgelegt, als der einst so hymnisch verehrte Bonaparte besiegt war. Fortan trug er den russischen Annen-Orden und bat Wilhelm von Humboldt, *zu machen, daß er einen österreichischen Orden bekäme*. Er ist unsterblich, er hat den *Werther* geschrieben – und braucht, um sich und den anderen seine Größe zeigen, die funkelnden Testate der Macht! *Goethe behagt die Hofluft sehr,* schreibt Beethoven nach einem kurzen Treffen in Teplitz, *mehr als es einem Dichter ziemt*.

Goethe als Zensor, als Schnüffler, als Freund ohne Charakter. Als Genie ohne Tugend. Er hat seit seinem Votum gegen die Kindsmörderin Anna Catharina Höhn Blut an den Fingern. Gewiß: das macht den *Tasso*, den *Faust*, die *Marienbader Elegie* nicht kleiner. Kein vernünftiger Mensch wird Goethes Genialität in Frage stellen. Doch wie sagte Friedrich Nicolai über Goethe? *Der Kerl ist ein Genie, aber das Genie ist ein schlechter Nachbar.* Der Preis war hoch, den andere für seine Größe zahlten, für seine innere Harmonie, die er zum Schreiben brauchte. Als es um die Rückzahlung ging, hat er sich davongemacht. Denken wir an Christianes elend einsamen Tod.

Wenige Monate später, im Oktober 1816, kam Charlotte Kestner, die Werthersche Lotte, für ein paar Tage nach Weimar. *Bedeutende Augen und schöne Gestalt hat sie,* notiert Goethe, *aber leider wackelt der Kopf.* Zerstörte

Erinnerung! Auch für Charlotte war es ein ernüchterndes Wiedersehen. Thomas Mann hat die Begegnung zum großen Roman gemacht, an dessen Ende *Lotte in Weimar* Bilanz zieht: *So sehr wohl und behaglich war mir's nicht eben in deiner Wirklichkeit, in deinem Kunsthaus und Lebenskreis, es war eher eine Beklemmung, eine Apprehension damit, das laß mich gestehen, denn allzusehr riecht es nach Opfer in Deiner Nähe.*

# Auswahlbibliographie


## 1. Werkausgaben

Johann Wolfgang von Goethe:
*Werke,* Bd. 1 – 14 (Hamburger Ausgabe), hrsg. v. Erich Trunz, München 1981.
*Werke,* Digitale Bibliothek Bd. 4, ausgewählt v. Matthias Bertram, Berlin 1998.
*Briefe,* Bd. 1 – 6 (Hamburger Ausgabe), hrsg. v. Karl Robert Mandelkow, München 1988.

*Der Briefwechsel zwischen Schiller und Goethe,* hrsg. v. Emil Staiger, Frankfurt/Main 1977.

*Goethes Ehe in Briefen. Der Briefwechsel zwischen Goethe und Christiane Vulpius 1792 – 1816,* hrsg. v. Hans Gerhard Gräf, Frankfurt/Main 1994.

Johann Peter Eckermann:
*Gespräche mit Goethe in den letzten Jahren seines Lebens,* hrsg. v. Fritz Bergemann, Frankfurt/Main 1981.

## 2. Nachschlagewerke und Quellensammlungen

*Goethe-Handbuch,* Bd. 1 – 6, hrsg. v. Bernd Witte u. a., Stuttgart und Weimar 1996 ff.

*Goethe in vertraulichen Briefen seiner Zeitgenossen,* Bd. 1 – 3, hrsg. v. Wilhelm Bode, München 1982.

*Goethes Gespräche,* Bd. 1 – 5 (Biedermannsche Ausgabe), ergänzt und hrsg. v. Wolfgang Herwig, München 1998.

*Goethes Leben von Tag zu Tag. Eine dokumentarische Chronik,* Bd. 1 – 8, hrsg. v. Robert Steiger (Bd. 1 – 5) und Angelika Reimann (Bd. 6 – 8), München und Zürich 1982 – 1996.

## 3. Sekundärliteratur


Appel, Sabine:
*Im Feengarten. Goethe und die Frauen,* Stuttgart 1998.

Bergmann, Ernst:
»Fichte und Goethe«, in *Kantstudien* 20 (1915), S. 139 – 145.

Böttiger, Karl August:
*Literarische Zustände und Zeitgenossen. Begegnungen und Gespräche im klassischen Weimar,* hrsg. v. Klaus Gerlach und René Sternke, Berlin 1998.

Boyle, Nicholas:
*Goethe. Der Dichter in seiner Zeit,* Bd. 1, München 1995.

Conrady, Karl-Otto:
*Goethe. Leben und Werk,* München und Zürich 1994.

Damm, Sigrid:
*Christiane und Goethe,* Frankfurt/Main 1998.
*Cornelia Goethe,* Frankfurt/Main 1992.
*Vögel, die verkünden Land. Das Leben des Jakob Michael Reinhold Lenz,* Frankfurt/Main 1989.

Eissler, Kurt R.:
*Goethe. Eine psychoanalytische Studie,* Bd. 1 – 2, hrsg. v. Rüdiger Scholz, München 1987.

Fahmer, Rudolf:
*Hölderlins Begegnung mit Goethe und Schiller,* Marburg 1925.

Fallbacher, Karl-Heinz:
»Fichtes Entlassung. Ein Beitrag zur Weimar-Jenaischen Institutionengeschichte«, in: *Archiv für Kulturgeschichte* 67 (1985), S. 111 – 135.

Friedenthal, Richard:
*Goethe. Sein Leben und seine Zeit,* München 1982.

Gillies, Alexander:
»Herder and Goethe«, in: *German Studies* (Festschrift für Leonard Ashley Willoughby), Oxford 1952.

Hahn, Karl-Heinz:
»Im Schatten der Revolution. Goethe und Jena im letzten Jahrzehnt des 18. Jahrhunderts«, in: *Jahrbuch des Wiener Goethevereins* 81 – 83 (1977), S. 37 – 58.

Hayn, Rudolf:
*Herder nach seinem Leben und seinen Werken dargestellt,* Bd. 1 – 2, Berlin 1877 – 85.

Hof, Walter:
*Goethe und Charlotte von Stein,* Frankfurt/Main 1979.

Kippenberg, Anton:
»Stadelmanns Glück und Ende«, in: *Jahrbuch der Sammlung Kippenberg* 2 (1922), S. 240 – 284.

Mayer, Hans:
*Goethe. Ein Versuch über den Erfolg,* Frankfurt/Main 1973.

Mommsen, Katharina:
*Kleists Kampf mit Goethe,* Frankfurt/Main 1979.

Prang, Helmut:
*Johann Heinrich Merck. Ein Leben für andere,* Frankfurt/Main 1949.

Schleif, Walter:
*Goethes Diener,* Berlin und Weimar 1965.

Schlichting, Reiner (Hrsg,):
*Johann Peter Eckermann. Leben im Spannungsfeld Goethes,* hrsg. im Auftrag der Stiftung Weimarer Klassik vom Goethe-Nationalmuseum, Weimar 1992.

Unseld, Siegfried:
*Goethe und seine Verleger,* Frankfurt/Main 1998.

Völker, Werner:
*Der Sohn August von Goethe,* Frankfurt/Main 1992.

Vogel, Carl:
»Der Grossherzog Carl August, Goethe und Oken's Isis«, in: *Chronik des Wiener Goethe-Vereins* 7 – 10 (1895), S. 33 – 40.

Wilson, Daniel W.:
*Das Goethe-Tabu. Protest und Menschenrechte im klassischen Weimar,* München 1999.